マイノリティの星になりたい

在日コリアン教師〈本音と本気〉の奮闘記

李大佑

明石書店

プロローグ

在日コリアン2世の父と日本人の母との間に生を受けた私は、現在、中学校教師をしている。私が今ここにいて、この本を世に出すことができたのは、40数年にわたり一貫して、明るく温かく私を照らし続けてくれた両親のまなざしのおかげだ。それが栄養素となり、この本を書くための馬力を育んでくれたのだ。

この本は、私が家族や地域の中で成長し、多くの仲間や良き先生と出会い、抱いた夢をつかむまでの道のりを描いている。ここには私自身を育んでくれたこの社会のまなざしの在りようが綴られている。そして、私に与えられた温かさをもって、日本の社会を私自身がまなざし返した変遷が綴られている。どうまなざせば、一人の人間が温かさに満ちた生を拓き、そうした温かさで溢れる社会を築いていくことができるのかが綴られている。

タイトルにある「マイノリティ」は決して少数者を指すのではない。私は物心がついてから20数年は「いつか在日コリアンの星になりたい」という思いを漠然と抱いていたような気がする。輝かしい活躍をして、同胞に勇気や元気を与える存在になりたい、と夢見ていた。しかし年齢を重ねるにつれて、それまで自分が社会構造のどこに位置づけられてきたのか、その社会構造にはどのような問題が潜んでいるのか、そしてその構造の在りようを形づくっているものは何なのかという問いを、自らの内側から搾り出せるようになった。

そこから徐々に、自分自身が誰にとって輝きを放ち勇気や元気を与える存在でいたいのか、在りたいのか、といった思いの輪郭が浮かび上がり明確になっていった。私は在日コリアンはもちろんのこと、この日本社会において息苦しさを感じている人や傷ついて生きてきた人を明るく照らす星に、いつかなりたい。その息苦しさや傷つきは、人によって異なる。その意味において誰もがマイノリティ性を帯びていると考え、その全身全霊の思いをタイトルに込めたつもりだ。

現在の日本の社会の中で、生きづらさを抱えている人や葛藤から抜け出せない人は少なくない。そんな人たちにこの本を読んでほしい。これまで、孤独感や時には拒絶を感じて生きざるを得なかった人に、これから、生きていく先を照らす光が見えてこない人にこの本を読んでほしい。

そして、これまでもこれからもずっと他者に寄り添い、励まし、支え続ける方にこの本を届けたい。あなたのまなざしは、私のような弱く不安定な者にとって何にも代えがたい生きる力の源泉であり、土壌を育む役割を果たしてくれている。そんな感謝の想いとともに、届けたい。

この本を通して、あなたの人生に温かさが呼び起こされたなら、こんなにもうれしいことはない。そうなったとき――あなたが私にとって一つの星になることは間違いないからだ。

マイノリティの星になりたい――在日コリアン教師〈本音と本気〉の奮闘記＊目次

＊登場する人物や学校の名前については、一部仮名としている。

3歳の筆者（右端）とハンメ（中央）、両親、兄。ハンメの誕生日に。

第1章　ビビりでいちびり

ハンメのこと

幼い頃の記憶を探ってみると、蘇ってくるのはハンメの家での記憶だ。ハンメとは韓国語の方言で「おばあちゃん」の意味である。幼い頃は、父方の祖母であるハンメの家で、毎日夕方になるとアイスクリームを食べた。それが、私にとって最も古い記憶だ。

ハンメの家は、私が通った京都市南区の希望の家カトリック保育園のすぐそばにあった。だから、毎朝ハンメに「おはよう。いってきます」を言い、父か母の迎えが来ると、毎夕、「ただいま」を言いにハンメの家に顔を出した。ハンメはいつでも笑顔で迎えてくれた。そして、ハンメが買ってくれたアイスクリームを食べた。

アイスクリームとともに私の古い記憶の奥底にあるもう一つの記憶は、〈なんでこんなとこにハンメはすんでるんやろ〉という私自身の思いだ。当時4歳か5歳の保育園児の目から見ても、とうてい「家」とは思えないボロボロの小屋のような「家」で、たった一人でハンメは暮らしていた。

アボジ（父）に聞いた話だが、毎日ハンメは私たち兄妹の保育園での様子を観察していたらしい。「朝鮮人ということを理由にいじめられるかもしれない」と、心配していたのだ。それまでの様々な被差別体験が、ハンメをそのような行動に駆り立てたのだろう。

幸せなことにハンメの心配は杞憂に終わった。私を含めて兄妹3人ともに、保育園に通っている頃に民族差別を受けた記憶はない。希望の家カトリック保育園には、在日コリアンの園児が多く在籍していた。私のように民族名（本名）で通っていた子も多かったので、クラスの中には〝日本人の友達〟と〝朝鮮人の友達〟が入り交じって保育園での毎日の生活を送っていた。〈このこは、にほんのなまえをもったともだち。あのこはぼくといっしょで、ちょうせんのなまえをもったともだち〉という感覚だったように思う。日本や朝鮮といった、〝国〟というものに対する認識も相当曖昧な年頃で、ましてや、〝ちょうせんのなまえをもったともだち〟は少なくなかったから、民族の違いを理由にいじめたりいじめられたりするなんてことは、私の把握する限りでは全くなかった。

ハンメにとって、孫が民族差別に苦しむことなく毎日を過ごすことができているのは、この上ない喜びだっただろう。「希望の家カトリック保育園」という小さな社会の中で生きるこの頃の私は、〝民族マイノリティではなかった〟のである。

保育園児の頃の私は、今の私とは想像もつかないほど内気で消極的な子どもだった。その頃はサッカーが友達同士の中で流行っていたのだが、とにかく人前で失敗することが嫌という理由で、誘われてもできる限り断るようにしていた。保育園の隣の公園で、毎日サッカーをしている友達を尻目にブランコに座っていたことを思い出す。

実は、ブランコも嫌いだった。ブランコの正しい楽しみ方は「勢いよく周り、クルッと一回転する」ことだと誤解していたのだ。みんな、いつの日にか一回転するために日々がんばってブランブランしているのか……。〈みんなこわくないんかな。ぼくにはできひんわ〉と、一人尻込みをしていた。

その他にも、人前で失敗することが嫌で取り組まなかったことは山ほどある。リトミックと呼ばれる器械体操のような運動に、「ミッキーマウス・マーチ」に合わせたダンス。折り紙や積み木といった一見地味な遊び。どれに対しても消極的な自分がいた。

ここまで、保育園児の頃の記憶で思い出せることを、頭の片隅から絞り出すようにして書き記してきた。しかし、ただ一つ容易に、そして、その時の周囲の色や音まで、はっきりと鮮明に思い出すことのできる記憶がある。

私が6歳、卒園を間近に控えた2月も末の出来事だ。

その日、夕方になるといつも通り、アボジかオモニ（母）どちらかのお迎えを待っていた。

金曜日だったので、毎週末に持ち帰るお昼寝用の毛布を抱えて、玄関を入ってすぐの真正面にある階段の上から、どちらかの顔が見えるのを待ちわびていた。

階段の最上段をかさばる毛布が占拠していたので、帰っていく友達が次々と階段を下りようとして、毛布を踏まないようにケンケンで一段飛ばしをしていった。友達が毛布を飛び越えるたびに、ハンメの家へ帰る思いが募った。

気がつくと、下駄箱に残された靴は、私のを含めてもう2、3足しかなかった。〈きょうは、なんでハンメがおむかえにきてくれへんのやろ〉。これまでこんな日は、先にハンメが迎えに来てくれて、ハンメと一緒に手をつなぎながら駄菓子屋に行き、ハンメの家でアボジかオモニの迎えを待った。

〈ハンメ、きのうのこと　おこってるんかな〉と、子どもながらに反省と後悔が錯綜した。

その日の前日、いつも通り夕方にハンメと一緒に駄菓子屋に行き、寒かったからかいつものアイスクリームではなく、おまけ付きのキャラメルを買ってもらった。お気に入りの戦隊もののそれは、キャラメルよりもおまけが目当てだった。ハンメの家に帰って、期待に胸を膨らませ、真っ先におまけの箱の封を切ると、入っていたのはすでに持っている〝黄色いキャラクター〟だった。私は、おまけが期待はずれだったことに腹を立て、ハンメの家の畳を何度も足で踏みつけた。

その様子を見たハンメが「ほしいの入ってなかったん?」と、優しく私に尋ねてくれたのに、私は「ちがうわ!」と大きな声を出した。ハンメは困った表情で、カサカサのひび割れた右手で私の左腕をさすりながら、同じく乾燥しきったカサカサの左手で、長かった私の前髪に指を通し、右の頬を撫でながら慰めてくれた。

「ハンメ、これおいといて」と、私は黄色のおまけを、いつも2枚ほどのお皿しか置かれていなかった食器棚に置いた。ハンメは「やっぱりいらんの。もう一回買いに行こう」と、私の手を握って言ってくれた。

私は、その言葉がうれしかったのだがなぜか意地を張って、「いらんのちがう！　おいといて！」と、また大きな声をあげた。その間、ハンメはずっと私の髪に指を通し、頭を撫でてくれていた。

下駄箱の前で待ちくたびれた私は、〈きょうは、どんなおまけがでても　おこらんとこ〉と、ハンメに昨日のことを謝ることよりも、〃いつもの楽しみ〃に頭がいっぱいだった。

しかし、いつもの楽しみで自分勝手に頭の中をいっぱいにしても、一向に迎えが来ない。不安が爆発しそうになったので、先生に状況を説明すると、「じゃあ、○○ちゃん（妹）と一緒に待とうか」と先生は言ってくれた。

妹と一緒に待っていると、心配している私を見かねた先生が私に近づいてそっと、こう教えてくれた。

「てう、ハンメが倒れはったんやて。オモニ、もうちょっとで迎えに来てくれはるしな」

頭が真っ白になった。

それから30分ほどでオモニが迎えに来てくれるまで、私は、オモニにどんな第一声をかけようか考えていた。少しでもオモニを励ますことのできる言葉をかけたかった。オモニが、ハンメのことを大切にしていることも、ハンメがオモニのことを大切にしていることも、いつも肌で感じてきたからだ。

しかし、待ちわびたオモニの顔を見た瞬間に、用意していた言葉とは違う、思いもよらない言葉が口をついた。

「プールいってたん?」

オモニの目は、涙で真っ赤だった。目だけでなく、顔全体が紅潮していた。オモニの気持ちを察すると、「ハンメ」という言葉を口にしたとたん私も泣いてしまうような気がしたので、とっさにそう言ったのだ。その言葉に、オモニは何の反応もしなかった。

「ハンメが、買い物の途中で倒れはった」

オモニの言葉にやっと、〈ハンメにきのうのこと、あやまらなあかん〉と、心底思えるようになった。心の中でハンメ、ハンメ、ハンメと呼び続ける自分がいた。

この日もいつも通り、ハンメの家に寄った。

いつもは、両手を後ろに組んで少し腰を曲げたハンメが、家の先の曲がり角まで出てきて私を待ってくれていた。笑顔でゆっくり手を振りながら。でもその日は、いつもハンメが立っていた角に、ハンメがいない。いつも通りなのに、唯一いつもと違うことは、ハンメがいないことだけだった。

ハンメの家に入ると、銀色のスーパーの袋が畳の上に一つだけ置いてあった。袋から大根が顔を出していた。ハンメにとってあの袋は重かったのだろう。夕方に買い物に出かけて、家に帰ろうと袋を持ち上げた瞬間に、ハンメは倒れたらしい。近所の人が、そう教えてくれた。脳溢血《いっけつ》だった。

5分もかからないうちに、ハンメの荷物をアボジが運転する小さな車に積み込んだ。小さなタンス、食器棚、テーブル、少しの衣類と食器、鍋類、そして銀色のスーパーの袋と〝黄色いキャラクター〟のおまけ。ハンメの家に置いてあったもの、ハンメの持っていたものは、たったそれだけだった。

両親が病院に行っている間、家で留守番をしていた私は、黄色いキャラクターのおまけを見つめながら、〈ハンメがげんきになったら、あやまろう〉と、心の中で誓った。

幼い私は、またすぐにいつも通りハンメが元気になって帰ってくることを、当然のことのように信じきっていた。しかし、この後ハンメが元気な姿を見せることは一度もなかった。

もう一度、私の手を優しく握ってもらうことも、髪を撫でてもらうことも叶わなかった。そればかりか、ハンメの声を聞くことさえ叶わなかった。この日から亡くなるまでの5年間、ハンメの病状は一度も回復することがなかった。

ハンメがいない寂しさの中、卒園式を迎えた。たくさんの友達との別れに、さほど寂しさや悲しさを感じることはなかった。小学校に入学したら、また保育園と同じように〝朝鮮の名前をもった友達〟や〝日本の名前をもった友達〟がたくさんできるだろうと、楽観していたからだ。

卒園式が終わった後、ハンメの小屋に立ち寄った。ハンメが立っていない曲がり角も、何もない小屋の中も、依然どちらにも違和感を覚えた。これがハンメの住んでいた「小屋のような家」を見た、最後の日となった。

「民族マイノリティ」になる

小学校の入学式の日、私は突如、「民族マイノリティ」になった。

母親に連れられて京都市立伏見住吉小学校の校門をくぐると、入学式が始まる前に6年生のお兄さんが新1年生の教室へと案内してくれた。母親と離ればなれになった心細さから、私は少し不安になった。1年1組の教室に入るとお兄さんは、私の座席を確認するために、机に貼られた名前のシールを一つ一つ見ながら私の名札に目をやった。

次の瞬間、驚きを隠せない様子でこう言った。

「りてう、こんなんあったっけ。3文字や」

「3文字や」。周りを見てみると、確かに私の机に貼られたシールだけが3文字で、何か自分の名前がとても貧相に思えた。

次の日、登校すると教室で同級生たちがかたまって雑談していたが、そこにとけ込むことはできなかった。保育園の頃、ブランコにただ座っていたときと同じ気持ちになった。

それでも日が経つにつれて少しずつ、クラスメイトたちとも話したり運動場で遊んだりすることができるようになっていった。

ある日、図工の授業で絵を描くことになり、歩いて10分ほどの所にある川の土手に向かった。その土手で描く絵のテーマは、「土手で遊ぶ自分を描く」というようなものだった。対人関係には自信がもてるようになった頃だったが、お絵かきは苦手で自分の描く絵には自信がなかった。だから、〈かきたくない、めんどうくさい〉という気持ちで土手に座っていた。

とはいっても、描かなければならない。クラスメイトたちの指先が、様々なクレパスの色で彩られていく。私は、困ったあげく〈どうせへたなんやから、とにかくめだつ絵をかこう〉という、前向きなのか後ろ向きなのかよくわからない決心をした。

目立った絵を描くために考える。参考までにクラスメイトたちの絵を見てみると、どれも小さい。人物（自分）が小さいのである。土手がアフリカの大草原のようだ。こんなに自分を小さく描くのは、自分のことが好きになれないからではないのか。そんな風に感じた。だから、自分を大きく描こうと考えた。そして、赤色を使いたいという理由だけで、ザリガニを描こうと決めた。

隣に座っているクラスメイトには、そうとう雑に描いているように見えたに違いない。「土手の上で大きなザリガニを持ち上げている自分」を、画用紙いっぱいに描いた。出来上がった絵は、画用紙の右半分に自分、左半分には大きな手とザリガニ。意識したわけではなかったが、手とザリガニが特に目立つ絵になった。

教室に戻り、描いた絵を先生が集めていく。一人一人の絵を見た後に、一枚の絵だけが黒板に張られた。私が描いた絵だった。

先生は、「画用紙いっぱいに描けているところがいい」「特に、手を大きく描いているのは李くんだけですね」と、褒めてくれた。クラスメイトの前で胸を張った。

気がつけばクラスメイトたちは、私が描いた絵の構成を真似し始めた。この、〝真似をしてもらえた〟ということがうれしかった。人前で失敗することが嫌だった私自身が、これまで友達の良いと思ったところを真似ばかりしてきたからだ。

この経験は私にとって、とても大きな自信となった。保育園児の頃の自分と比較すると、クラスの中での存在感は比べものにならなかった。そのことが、何よりもうれしかった。先生が褒めてくれたおかげで、絵を描くことにも意欲的に挑戦するようになった。すると、コンクールに何度か出展されて表彰された。

表彰されたことでより一層の自尊心が生まれる。その自尊心が、毎日の学校生活を送るうえでの基盤となり、授業での発言も増え、運動会や学芸会などの学校行事には率先して取り組むようになった。

クラスには、自分の居場所がある。立ち位置も確固としている。だから、学校生活は楽しかった。私にとって学校は、いつも自尊心を満たしてくれる場となった。

入学当初の疎外感や孤独感は嘘のようだった。日が経つにつれて、クラスでの発言力は大きくなっていった。そして、この頃から「誰も言わないことやしないことをしてやろう」という、目立ちたがり、調子乗り、すなわち関西弁でいう〝いちびり〟の典型のような振る舞いが多くなっていった。クラスメイトの目や耳を引きつけるたびに優越感に浸っていた。とにかく目立つこと、誰にも真似できないことをすること、そんなことばかりを考えていた。

この時期は、毎日を晴れ晴れとした気持ちで過ごしていた。しかしその一方で、時に、教室や運動場、または公園や川の土手で、疎外感で背筋が凍りつく瞬間に出くわすことが起こった。

それは、私の名前について違和感を覚えるクラスメイトたちの素朴な疑問だった。

「なんでりーくんの名前3文字なん？」「なんかへんな名前やな」

今思えば、小学1年生の純粋な疑問だ。3文字のクラスメイトがいれば、こんな疑問を投げかけることは至極当然なことなのかもしれない。しかし、この頃の私も小学1年生で純粋だった。だから傷つき、腹が立った。

〈そんなこと言うな。友だちやろ〉。何度もそう思った。

皮肉なことに、この自然で素朴な疑問は、親しくなればなるほど友達の口をついて出てくるのだ。それは、小学1年生なりに〝距離感〟のようなものを感じ取っているからだろう。

「公園で一緒に遊んだ。虫取りもした。では、そろそろ聞いてみるか」となるのだ。

こんな純粋な疑問ほど、突然に私の胸を突き刺してくる。いつ、いかなる時でも、気が抜けない。気を抜けば、純粋な一言にグサッとやられ、疎外感で不安になる。その不安は周囲に伝わる。だからいつでも、グサッと刺されないように、知らず知らずのうちにバリアを張るようになった。

無意識の自己防衛、それが日常のスタイルとなった。傷つくことの怖さをまざまざと実感したのは、この頃が最初だった。

そんなある日、仲の良い友達の家で遊ぶことになり、いつも通り通学路を走って帰ろうとした。すると、同じクラスの宮城くんが声をかけてきた。「ぼくも行くから、いっしょに行こうや」

まずは、その子の家に向かいランドセルを下ろすと、続いて私の家に向かった。

足早に帰り、早くランドセルから解放されたい一心で玄関を開けると、私はただいまも言わず、「オモニ、宮城くんと○○ちゃんの家にいっしょに行くねん。そやし、おやつ代ちょうだい」と、2階にいるオモニに催促をした。オモニはすぐに階段を下りてきて50円を手渡してくれた。

当時、私の一日のお小遣いは50円と決まっていた。しかし、その日は玄関で友達がオモニとのやりとりを一部始終見ている。50円では格好悪いように感じた。〈クラスのリーダーたるもの、短パン（ピチピチに限る）のポケットに光り輝く100円玉を携え、その存在感を顕《あら》わに示すべき〉、そんな思いが頭をよぎったのだ。

だから、「オモニ、100円や。100円」と主張した。

しかし、「は？　あんたアホか。うちの家は、大金持ちか」。私の高慢な要求は一蹴された。

気を取り直し、宮城くんと二人並んで走り出した。宮城くんは、やけににやけた顔でこう言った。

「オモニって何なん？　お母さんの名前なん？」

最初は、言葉の意味がよくわからなかった。どういうことだろうと思って眉間にしわを寄せると、「ふつう、〝お母さん〟ってよぶやん。オモニって何？」と重ねて聞いてくる。

その時に、ふと〈オモニってよぶのは、ちょうせんの名前の友だちやった。お母さんってよんでいるのは、ほとんど日本の名前の友だちやった〉と、自然に保育園の頃のことを思い出した。すると、隣のにやけている顔に無性に腹が立ってきた。

宮城くんからすれば、疑問に感じたことをただ純粋に伝えただけだったのかもしれない。しかし、この頃から名字や名前が日本人風のそれとは違うことで時に周囲からの疎外感を抱いていた私は、友達のにやけた口元を見て劣等感を覚え始めた。

「なめてんのか！」

そんな言葉でしか自分の疎外感や劣等感を表現することができなかった。

小学校1年生での出来事を、こんなにもありありと覚えているとは自分でも驚きだ。身近な存在である他者に異質なものとして捉えられ、その違いを受け入れてもらえない体験は、心の片隅にへばりつき、自らの意思で取り除くのは並大抵のことではない。

同化か排斥か

2年生になり、新入生と遊ぶときにはいつでも偉そうに先輩面をしていた私は、〈どういうふうに楽しませたろかな〉〈何かおもろそうなネタないかな〉と、笑いのネタを探して頭の中をいつでもフル回転させていた。それは、年下の子たちから、「あの人はおもろい」「あの人についていったら何かおもろいことが起こる」と、そんな一目置かれる存在でありたいと常に思っていたからだ。

異年齢の集団の中でも、リーダーシップを発揮して自分の立ち位置をはっきりと確保したかった。そうしないと「ちょーせん」や「カンコクジン」というだけで差別的な笑いの対象になるということが、もうこの頃には当然のことのように頭の片隅にあったからだ。子どもだけのシビアな世界では、大人社会よりも露骨にマイノリティが格好の差別対象になる。

何よりも恐れたのは、集団の一部になることだった。その集団の中で、いるのかいないのかわからない、いてもいなくても差し障りがないような弱い存在になってしまうと、途端にマイノリティは同化か排斥のどちらかを迫られる。

それは本人の二者択一ではなく、その時々の世論（ここではリーダーの意向）によってどちらか一方の選択を迫られるのだ。たとえばこんな風に。

「おまえ、なんで日本語しかしゃべれへんのにカンコクジンやねん。日本人といっしょやんけ。同じやんけ。変わらへんやんけ」

今なら余裕でかわせる、同化への誘いだ。しかし、小学2年生の私には、そのたびに、〈言われてみれば、たしかにいっしょやな。同じやな。かわらへんな〉という思いと、〈いっしょとちゃうわい。ほんならみんな、名前や、親のよび方を気にしたことあんのか〉という思いとが交錯した。

比較的穏やかなリーダーが、

「日本語しかしゃべれへんし、おれたちと何にも変わらへんのに、カンコクジンやったらかわいそうやな」

と、優しい口調で言うこともあった。それを、チョコバットやうまい棒なんかをかじりながら聞いている仲間たちは、妙に納得した顔つきでフムフムとうなずいている。

これも「在日＝かわいそうな社会的集団」という偏見がもたらす、同情というやっかいな過程を踏んだ、同化への誘いの一つだ。マイノリティを〝同情〟というレンズを通して見てしまうと、そこから膨らむイメージはひどく均衡を失ったものにならざるを得ない。ただし、まだこの場合は同情的な側面もあることから、穏やかな口調での物言いがほとんどであった。

一方、集団からの排斥を迫るようなリーダーの言動に出くわすと、非常にたちが悪い。この場合は、同化のそれに比べて、より厳しい態度や口調で迫られることがほとんどであった。

「カンコク帰れや」

どこに帰んねん。帰るとこないぞ。と、冷静に言いたくもなる。しかし、これは排斥する際に使われる決まり文句の代表格で、言い争いになった際には最後にこの言葉が飛び出すこともしばしばであった。これを言われるともう何も言えなくなる。

当時のいさかいの理由など「ルイージ（マリオの弟）を『ルイジー』だと勘違いしていて馬鹿にされた」といった、取るに足らないことがほとんどであった。にもかかわらず、最後になるとこの決まり文句がとびだすのである。なにゆえスーパーマリオの家族関係がきっかけで、本国への強制送還を命じられねばならんのだ。理不尽にも程があるが、小学校低学年の児童には重い一言だ。

もめることはあっても、いさかいの最後はリーダーが仲裁に入って事なきを得るのがいつもの流れであったが、リーダーから、「そんなことでもめんねやったらカンコク帰れや！」という風に言われることもあり、そうなるとその集団にはいづらい雰囲気が充満した。

リーダーは、せっかく楽しく遊んでいるのに喧嘩するなら「もう家に帰れや！」くらいの気持ちで言っていたのだろうが、そうやってリーダーが言い出すと、周りのみんなも同調する。教育テレビの道徳番組にあるような、「そんなこと言ったら李くんが傷つくだろ！」なんて声が聞こえてくるはずもなかった。

力関係もあり、同級生や年下たちにはそんなことを一度でも言われたためしはなかったものの、世論（ここではリーダーを含めた年上の人たちの意向）がそっちの風向きに吹き始めると、マイノリティだけにつらかった。

ある時はマジョリティに同化され、ある時はマイノリティとして排斥される。そんな経験が〈一目置かれる存在でありたい〉〈民族性を笑いのネタにされたくない〉という思いに拍車をかけた。また、同化や排斥にいつ身をさらされるかわからない不安感が、いつでもどこでも頭の中をフル回転させ、アンテナを張りめぐらせることにもつながっていた。

ビートルズクイズ

私が小学校3年生の頃、父は焼肉屋の接客業、母は私立学校の事務員として働いていた。両親が忙しい毎日を送っていること、それにもかかわらず決して裕福な家庭ではないことも理解していた。

そんなある日、父が突然CDコンポなるものを買って帰ってきた。

段ボールから出てきた真っ黒のそれは、アニメで見た宇宙船のコックピットの一部分のように見えた。当時のオーディオは、とてつもなくでかい。下からCDプレイヤー、カセットデッキ、イコライザー、そして最上部にレコードデッキ。規格外の重箱のようだった。

そのコンポは、家族5人が座ると足の踏み場もない窮屈な居間に居住権を得た。満面の笑みでセッティングし始める父。設置が完了すると、ロックンロールな足どりで2階に上がり、段ボール箱二つ分くらいは優にあるレコードをコンポの横に山積みにした。〝プレちゃんとビートルズとの日々〟が始まったのは、この瞬間だった。

私の家ではテレビを見る習慣があまりなかった。だからCDコンポが家に来てからというもの、我が家では絶え間なく音楽が鳴り続けた。

父が最初にレコードの山から取り出したのは、エルビス・プレスリーの「好きにならずにいられない」だったように思う。家族全員が見つめるなか、丁重にレコードをセットし、静かに針を落とす。と、次の瞬間、甘いメロディーが流れてくる。

「おお、プレちゃん久しぶり！」

マイファーザーとプレちゃんとの再会である……。

「プレちゃんの声はいつ聞いてもええなあ……」「プレちゃんはやっぱり最高やなあ……」

プレちゃんのレコードは何十枚もあった。中には、同じレコードも混ざっていた。

父はプレスリーファン、いやプレスリー狂であり、ジョン・レノン狂、いやジョン・レノン教の信者でもあった。父親は、ジョン・レノンのことも敬愛を込めて「ジョン」と呼び捨てにし、「あの頃、ジョンは」だとか「ジョンとの出会いは……」などと思い出を語った。

そんな父親の熱狂ぶりが生み出したものの一つが「ビートルズクイズ」である。ルールは簡単だった。司会進行は、当時9歳のこの私。アシスタント兼観客は、当時6歳の我が妹。解答者は、父親……ただ一人である。

司会者である私が、『ビートルズ全詩集』なる本のページを適当に開くところからクイズが始まる。開いたページに書かれた日本語訳の中で、私が読める一連を適当に選んで読む。「彼女もじっと僕を見てた　それでピンと来たよ　きっとこの娘に惚れちゃうだろうって」「現実から目をそむけ　見たいものしか見ようとしない　行き場のない男　おまえには僕が見えてるのかい」といった具合だ。

すると、「ほぁい!!」と、勇んで手を挙げる解答者。父である。

解答権を獲得した父は、少し考えてから曲名を答える。……なんと、百発百中である。パーフェクト解答を続ける父の姿に、幼き妹は無邪気に拍手を繰り返す。1問目からスタンディングオベーション。その瞳は純真無垢である。私も曲名をすべて言い当てる父に驚いた反面、他に解答者がいないのにもかかわらず問題の途中で喜び勇んで解答権を得ようとする姿の方にこそ驚きが隠せなかった。

この「ビートルズクイズ」なるイベントは、父のたまの休みには必ず開催された。初日は驚きの連続。2回目もまだいい。ビートルズの曲数は半端ではないのだ。3回目は、……もうだめである。恐ろしく単調なのである。

そんなことは意に介さず、父は果敢極まりない挑戦を、妹は無垢な瞳と拍手を繰り返す。しかし、唯一無二の支持者であった妹も、さすがに10回を超えたあたりで気づくのである。楽しんでいるのは父だけだということを……。

ある朝、いつも通り笑顔で『ビートルズ詩集』を携え声高らかにイベント開始を告げる父に、子ども二人はクールに打ち切りの報《しら》せを告げた。

そんな異様な熱狂ぶりを披露する父ではあったが、ビートルズやジョン・レノンを通していろいろな話をしてくれた。ジョンの生い立ちやビートルズ結成のあらましはもちろん、曲調や歌詞の変遷、それぞれのアルバムが発表された頃のイギリスやアメリカ、日本の社会背景など、私が小学校3年生だったにもかかわらずその話の内容は多岐にわたっていた。

※詩の引用は、『ビートルズ全詩集』（内田久美子訳、シンコー・ミュージック、1990年）より。

おそらく父は、音楽を通して社会というものに目を向けさせたかったのだろう。特に、ジョンが反戦を訴えていたことを強調していたように思う。ベトナム戦争の経緯やアメリカ合衆国での黒人差別、「ブラック・イズ・ビューティフル」という言葉まで教えてくれた。また父はある有名なシンガーが同性愛者であることを私に伝え、「同性愛者を差別する世の中はおかしい」「このシンガーは自らをさらけ出し、差別的な世界や社会に一石を投じているのだ！」と熱く語ってくれた。

「社会に自己をぶつけていたら、すべての楽曲はロックさ!!」と言う父の瞳は、ジェームズ・ディーンよろしくリアル「理由なき反抗――中年男性編」で、いささか引きもしたがとてつもなくピュアだった。

父のまなざしは、一貫してマイノリティのそれであり社会的弱者からのものだった。それは、アメリカ合衆国に対しても、また日本社会に対しても同じであった。社会的弱者の視点から社会を見つめる姿勢が全く「ブレナイ」父親だった。

音楽のジャンルについても「誰かが決めたジャンルで、その人個人や、グループを判断してはいけないよ。自分の耳や目、肌で感じたことを判断基準にしたほうがいいよ。ジャンルという誰かが決めた分類だけで十把《じっぱ》一絡《ひとから》げにアーティストを見つめることは、本質を見誤ったり偏見をもったりすることにつながる恐れがあるよ」と、何度も私に伝えてくれた。そして、それはあらゆる社会問題に共通することだということも、何度も何度も伝えてくれた。

少年時代にこういった視座を与えてもらえたことは、私の財産の一つになったと思う。親から子へ相続される、自立にかかわる様々な要因を「社会的相続」と定義すれば、まさに私は「マイノリティへの人権意識」や「差別・偏見の社会学」といったものを早くから相続する機会に恵まれた。ただし、それが私自身に涵養され自分のものとなるのには、長い年月がかかったことも付け加えておきたい。

それにしても、ＣＤコンポの果たした役目や功績、また、それを生きる教材として十二分に生かしきった父親の手腕は大きい。親から子への「社会的相続」の一つの手段となったのだ。決して余裕のある生活ではない中、購入した意義がある。決してビートルズクイズ開催のためではなかった……はずだ。

民族名で生きる自分

私が生まれ育った京都市伏見区は、いわゆる在日コリアン、朝鮮半島にルーツをもつ人が少なくない地域だった。京都市では南区東九条にたくさんの在日コリアンが暮らしているが、伏見区は東九条から歩いて1時間程度。在日1世たちにとっては、歩いて行き来できる距離だったのだろう。東九条を拠点に、伏見の地で土木業をしたり豚を飼育したりして何とか生計を立てていた人たちが少なからずいたようだ。

伏見住吉小学校に通う同級生の中には、何人か在日コリアンが含まれていた。みんな日本名だったが「自分もかんこくやで」と私に告げてきたり、親が「りーくん、うちんとこも在日やで」と伝えてくれたり。何も言わなくても通名（日本名）としてよくある名字で在日だとわかる子もいた。

在日だとわかればすごくうれしかったが、決して〈ぼくと同じや〉といったような親近感、同胞意識は湧いてこなかった。それは、民族名で通っている私と日本名で暮らしている同級生の差異がもたらしていたものだと思う。

3年生の頃にはもうすでにその差異をはっきり自覚していて、民族名で暮らしていることや少数者として生きていることを、すごくエッジが効いていることのように感じていた。適当な表現が見当たらないが、自分の生き方が先鋭的というか挑戦的というか、そんな感覚だった。

その感覚は、日本名で暮らす同級生の存在との対比からくるものだったのだろう。後述するが、私や兄が「カンコク帰れ！」や「チョーセン！」などと罵倒されていても、〝同じ在日コリアン〟である日本名の同級生たちはその対象外だった。名前で可視化されていないのだから当然である。

〈同じかんこくじんやのになあ〉と私は思ったものであるが、不思議とそれは許せた。〈日本人として　生きてるんやもんなあ〉と感じた記憶もある。ただ〈じぶんも　日本の名前でくらしたいなあ〉という思いは微塵もなかった。

なぜなのだろう。20歳を超えてから何度か聞かれたことがある。「差別や偏見により、民族名ではなく日本名で暮らしたいと思ったことはないのですか」と。自分でも不思議なのだが、それが一度もないのだ。

「李大佑」から通名「川村大佑《かわむらだいすけ》」に〝変わる〟ことに現実感は全くなかった。中学生の頃にはすでに「民族名で生きてきた自分」「それまでの自分史」みたいなものへの誇りというのか達成感のような感覚を抱いて生きていた。だから、日本名で生きる在日コリアンの同級生への同胞意識や身内感覚は芽生えてこなかったのかもしれない。

もしも、私が少年時代を過ごした環境が、たとえば東九条のように民族名で暮らす在日コリアンたちが比較的多い地域ならば、私のもつ感覚はまた違ったものになっていたのだろう。ある意味「大多数のなかの一部（在日コリアンは絶対数で見ると大多数ではないけど）として、民族名で暮らしている」といった感覚に近くなったような気がする。

圧倒的大多数の中に、民族名で生きる自分と日本名で生きる少数の在日コリアンたち——。そんな感覚を小学生の頃から無意識のうちに毛穴から吸収できたことは、今となっては私の大きな財産である。

〝外国人であること〟が名前によって可視化されていた私は、小学3年生の頃から〝いじられる〟ことが多くなり始めた。中学年となり交友関係の広がりがそうさせたのだろう。冗談めいたものから民族差別だと糾弾できるようなレベルのものまで、多種多様ないじられ方をした。

いじってくるのはもっぱら年上の人だった。

「家でキムチしか出てきぃひんのけ？」（それでは炭水化物が摂取できない）

「おまえの名前、リテ・ウーにしろや」（伸ばし棒を勝手につけた。4文字に増えた）

「中国行ったことあんのけ？」（もちろんない。私はパンダか）

といった冗談めいた〝いじり〟。これは、方法論や方向性は間違っていたとしても幼さゆえのコミュニケーションの一つだったのだと思う。私も冗談の延長として聞いて、何か冗談を返して「はい終了」だった。

これよりも精神的にきつかったのは「カンコク帰れや」とか「ここですぐカンコク語しゃべってみろ」「チョーセンくさいぞ」といった類の〝いじり〟だった。

こちらが一人で向こうが多数の場合はまだいい。愛想笑いで何とかスルーして、時間が経つのを待てばいいからだ。つらいのは、同級生たちのいる前で晒《さら》し者のように「カンコク・チョーセンネタ」でいじられることだった。

反応に困る同級生たちにとっても居心地のいい場ではなかっただろう。もちろんその場に複数いる年上たちの中にも「そこはいじったらあかんとこやろ」と感じていた人はいたはずで、その人たちにとっても居心地のよくない空間だったはずだ。

擁護するわけではないのだが、そんな年上の人たちもそこまで悪気はなかったのだと思う。そのことは当時の私も薄々感じていて、当人たちにとってはその場での話題提供の一つだったり笑いをとったりする一環だったはずだ。その証拠に、その人たちも常にそうあったわけではない。楽しく遊べるときも往々にしてあった。そして、私にのみ傍若無人ならともかく、ある意味平等に、年下のみんなに傍若無人だった。

しかし、こういった〝いじられる〟経験からくる「葛藤」や「憤り」が、小学生の私の内部に着実に浸透していったことは間違いない。それは「少数派の自分」であり「枠から外れた自分」であり、どこまでいっても多数派のヒエラルキーの外部に位置づけられてしまう「自分の置かれた立ち位置」を明確にするものだった。

子どもの世界は時に残酷である。それでも、完全に心が折れることがなかったのは、私を包摂してくれていた土壌があり、家族や地域社会、学校の先生などが拠りどころとなって支えてくれていたからだ。こんな経験をしても余りあるほどの自尊感情を育む土壌を、親や先生は私の前に耕してくれていたのだ。

そんな豊かな土壌に育まれ、いじられながらも成長していた4年生のある日のこと。いつも通り公園で、同級生や年下の子たちと遊んでいると、普段見慣れない二人組の大学生らしき男女がやってきて紙芝居を始めた。おもしろそうだったので観ることにした。

おにいさんとおねえさんが読み進める紙芝居を半円状に囲む。総勢15人程度だったように思う。内容は「カレーパンかあげパンがどうしたこうした」といった内容で、観てみると特段おもしろいわけでもなかったが、私の前で観ている年下たちがうるさくて内容が聞き取れない。〈せっかく紙芝居をしてくれてるのだから〉という気持ちもあり「うっさい！」「しずかにせんかい！」と何度か注意した。

その後、静かに落ち着いて紙芝居は難なく終了し、おにいさんとおねえさんに質問したり散り散りに遊びにもどったりする仲間たち。質問タイムが終わり、周りに誰もいなくなると二人は紙芝居を片づけ始める。その時である。おにいさんが私にこう言った。

「静かにさせてくれてありがとう。おかげで助かったよ。君の名前は何ていうの？」

その瞬間、焦りを感じた。なぜか「り、といいます」と言うのをためらった。迷った。その間、1秒もない程度。そして、自信のない口調で、

「かわむらです」

と言葉が出た。

おにいさんは「かわむらくんか」と言った。おねえさんも笑顔でうなずきながらこっちを見ていた。二人は紙芝居を片づけて、自転車で去って行った。

この時、人生で初めて通名を使った。

なぜ本名を明かせなかったのか。ためらった原因をはっきりさせたかったが、小学4年生には「自分にも自分のことでわからないことがある」ことがわからなかった。

今、あの日のことを思い出してみる。まず、おにいさんに褒められたことが素直にうれしかった。ただ、自分としては当然のことをしたまでで、褒められることに驚いたのだとも思う。そこに、突然名前を聞かれた。

私にとって名前を告げることは、自分の背負っている社会的立場を告げるということでもある。4年生の私は無意識にこう感じていたように思う。

〈李だと伝えたら、かんこくじんという社会的立場を伝えることになる。そうなったとき、おにいさんとの間に何とも言えない不穏な空気が流れるのは嫌だ。せっかく褒めてもくれたのに。何か期待を裏切るような気がする〉

要するに勝手に無言のプレッシャーを感じていたのだ。在日韓国人であることは評価を落とすことになると。差別や偏見を無意識に毛穴で吸収し、4年生にして社会構造の中で低位に置かれている事実を自覚し内面化していたのだ。

当時の私は決して自らのすべてを卑下していたわけではなかったし、ちゃんと自尊感情が育まれてもいた。それでも、見ず知らずの他人に本名を明かすという行為はハードルが高かった。

私にとって通名は偽名である。偽名を使うと後味がとてつもなく悪いことを、このとき初めて知った。家に帰ったあと何度も偽名を使ったシーンがよみがえる。

〈おにいさんは、今もぼくのことを日本人だと思っているのだろうな〉

〈目の前にいるのは日本人というのが当たり前なのだから、ぼくがかわむらくんだということなど当たり前のことで、そもそも何も感じていないのかな〉

この日本の社会の中で「自分は何者なのか」がわからない。初めてアイデンティティの壁にぶつかった瞬間だった。

今、もしもあの日のおにいさんに再会できたとしたら、私は何と伝えるのだろう。通名を使ったことを詫びることだけはしないのは確かである。あの日、私は必死に葛藤し〝日本社会〟を生きたのだから。

強迫観念

5年生になった。この頃すでに目立ちたがり屋度合いはピークだった。常にクラスや仲間の中心にいないと気が済まなかったし、どんな話題でも仕切りたがった。昨日観たテレビ番組や最近流行りの音楽についてみんなで大いに盛り上がる。

この頃、まだ私の家庭では19時30分以降にテレビを観せてもらえなかった。これでは21時からのトレンディドラマなどとうてい観られない。それでもトークの中心に居座った。ドラマの話題になるやいなや、戦後の日本家庭のお父さんのように「沈黙は金なりよ」と言わんばかりにへの字口になる。『東京ラブストーリー』の江口洋介の髪型について感想を聞かれて「東京やもんなぁ」と答えた。意味不明。「ほんまやなぁ」と返してくれた同級生たちが、当時いかに私に気を遣ってくれていたか。

槇原敬之の「どんなときも。」が流行っていた時期で、聴けば今でも当時のことを思い出す。どんなときも流行りから後れをとっていた私。みんなが話題にしているJ－POPではなく、愚直にビートルズをリピートするCDコンポの姿が悲しかった。

担任は、1・2年生の頃に担任だった女性の先生が受け持ってくれるようになった。隣のクラスは新着任の女性の先生で、目新しさからその先生に担任をしてほしかった。隣のクラスの先生は、ユーモアもありカリスマ性もあった。異文化理解（京都市では外国人教育と呼ばれる）の授業ではチョゴリを自ら着て、朝鮮半島にプラスのイメージがもてるような工夫をしてくれた。

今思えば、民族名で学校生活を送っている私への配慮もあったのだと思う。子どもたちの中にある差別や偏見についても敏感に感じ取っておられたのだろう。先生のポジティブなメッセージがうれしかったし元気も出た。だが、当時の私や同級生たちにはどうしても厳しさが先に立ち、近寄りがたい雰囲気があった。

そんななか、ずっと頭をもたげていたことがあった。「チョーセンはいつかいじめられる」ということだ。学校で兄が「チョーセン!」とかなりきつく罵られている姿を何度か目にしていた。そのときの兄の表情が忘れられない。そのことが、いつしか強迫観念のようになっていた。〈いつかそんな日が来るんじゃないか〉〈同級生にいじめられるのは絶対にいやだ〉と考えると、心の中がとても乱れた。

それに加えてこの頃、夕方から朝まで働いていた父と、ほとんど会えなくなった。父は私が登校したあとに帰宅し、私が帰宅する頃には出勤していた。当時は意識していなかったが、私は寂しかったのだろうと思う。

強迫観念と寂しさが重なった私は、あろうことかその矛先《ほこさき》を先生や同級生に向け始めた。まず、担任の先生に反抗した。ある日の中間休みに黒板を落書きでいっぱいにして、口火を切った。同級生たちへの狼煙《のろし》だった。クラスの男子3分の2は様子見、3分の1は同調した。授業妨害、エスケープ、器物破損、担任への暴言。勝手気ままに振る舞った。

休日の午後、担任の先生が家庭訪問してくれて二人で昼食を食べながら話をしたが、幼い私は変わらなかった。問題行動の根幹にあるのは、強迫観念と寂しさだったからだ。けれども当時の私には、そんな自分の気持ちを言葉にする力はなかった。だから、担任の先生といくら話をしても解決には至らなかった。

そんなある日、学校行事を私の一存で友達とエスケープし校舎の最上階でたむろしていた。そこに担任の先生が血相を変えてやってくる。言うことを聞く気など全くないから、逃げ回ったり無視したりしていた。するとその日は隣の担任の先生も指導に入ってきた。

それでもことの重大性が理解できていなかった私は態度を変えず、指導を聞かないことにした。ところが、同級生たちは違った。その場の雰囲気をちゃんと理解し、謝るべきところは謝り、やるべきことをやろうとしたのだ。

その時、私はそれまで感じたことのない無力感に襲われた。恐怖心の方が強かったかもしれない。

〈おれの言うことより、となりの先生の言うことを聞くんか〉

これから同級生たちが自分の言うことを聞かなくなり、先生に従いだしたらどうしよう。そうなれば同級生にまでいじられることになるかもしれない。同級生に「チョーセン」や「カンコクジン」扱いされるのだけは、絶対に嫌だ。本当に恐ろしかった。

この日を境に、強迫観念というエネルギーで同級生たちに暴力を振るうことが多くなっていく。先生がいない朝休みに無意味に暴力を振るった。言葉遣いもきつくした。人の嫌がることをわざと言い、揚げ足ばかりとった。人の短所ばかりが目につき、それをいじりまくった。止まれなくなった。それまでも決して好かれていたわけではなかったが、完全に嫌われ者になったことがわかった。

ある子の〝お誕生日会〟に自分だけ呼ばれていないことにも気がついた。クラスで極秘裏に話が進められていることがわかっても、傷つくことはなかった。むしろ、嫌われていたとしても自分に〝ビビッて〟くれてさえいればそれだけで良かった。

とにかく、いじられたりいじめられたりすることだけが怖かった。周りの自分への対応に敏感に反応し、クラスのみんなの言動にいちいちアンテナを張っていた。毎日とても疲れた。

威嚇を始めると、私に対等に接してくれるのは少しの男女だけとなった。同級生のほとんどに、それまで以上に気を遣わせていたと思う。授業は2ヵ月ほどで日常の形態に戻ったが、それでも落ち着くことはなく、些細なもめごとやいざこざが多くなっていた。私が周りを疑心暗鬼にさせたのだと思う。

こういう時には、必ずといっていいほど〝共通の敵〟をつくろうとする。内部の結束を固めるためにつくられた共通の敵。私たちの共通の敵は、一学年上の一部の先輩たちだった。その人たちとの喧嘩を通して、無意識に帰属意識や結束力を高めようとしていたのだろう。私が同級生たちをそういう方向に向かわせたのだとも思う。

喧嘩といっても言い争いや摑み合いがほとんどで、殴ったり蹴ったりというのはほんの少しだった。そうなってもすぐにどちらかが泣くか降参するかで終わる子どものかわいい喧嘩だ。ところが、このかわいい喧嘩すら私にはできなかった。臆病者、ビビり、スーパーチキンだったからである。喧嘩の怖さもあるが、喧嘩に負けたり劣勢になったりするのを同級生に見られ、「晒し者」になることを最も恐れていた。

ある日、その共通の敵たちと階段の踊り場で言い争いになった。4人ほどの先輩と同級生たちとの間で次々に胸ぐらの摑み合いが発生する。同級生たちのその勇ましさに、私はビビりまくっていた。劣勢になっている同級生を助けたい一心だったが、怖くて加勢することができなかった。喧嘩が弱いくせに強いふりをしている自分が情けなかった。

自分を強く、大きく見せないと生きていけない。強くなければいじられるかもしれない。この頃の私の悩みは個人の問題である。それと同時に、一人の小学生がマイノリティであるがゆえの悩みや葛藤にもがき苦しんでいるという、小さな社会問題と捉えることもできる。

初めてのカミングアウト

6年生の春、担任の先生が変わり、生活指導の厳しい先生が担任になった。

4月、毎年この時期には体育の時間に50ｍ走のタイムを計る。この年は、トラック一周のタイムを計ると先生から告げられた。直線コースを走るのとトラックを走るのとでは訳が違う。少し動揺した。2人組で走る私の相手は、女子で一番速いちえちゃんだった。私はクラスの中では一番足が速かったが、この時、ちえちゃんに負ける気がした。だから、クラスのみんなにこう言った。

「真剣に走るなよ。手を抜けよ」

新しい担任の先生に対する宣戦布告のような雰囲気を醸し出したが、ただ単にみんなの前で競争して負けることが怖かっただけだ。

私のペアが歩くようにタイムを計ると、クラスのほぼ全員がそれに続いた。真面目な子が損をする嫌な雰囲気を私が作った。

一事が万事、苦手なことや失敗しそうなことからは逃げまくっていた自分がいた。絵を描くことに自信がないのでクラスメイトに描いてもらい、音楽の歌のテストは恥ずかしいので一切歌わない。自己完結ならまだしも、クラス全体に嫌な雰囲気を蔓延させるから、私の存在自体が悪影響の塊になっていた。

こんな私を見るに見かねたのだろう、ある日母が無茶な提案をしてきた。泳ぎはそこそこ得意だった私に、それまで一度も習い事をしたことがないという理由だけで、スイミングスクールに通えと言うのだ。もう手続きは済ませてきたから来週の木曜日から行けと。

ちょっと待ってくれ、ぼくの意見も聞いてくれと何度も懇願したが、一切聞いてくれない。親からすれば、苦手なことを克服したり小さな成功体験を積んだりさせるためのスイミングスクール通いだったのだろう。私を思うがゆえのことだ。だが、いくらなんでもスイミングスクールという選択肢はないのではないか。もう6年生である。水慣れ、顔つけから始めるのか。想像するだけでゾッとした。抵抗空しく、初の習い事ライフが始まることとなった。

初日、隣の校区にあるスイミングスクールまで、いやいやながら自転車で出かけた。自転車置き場に並んでいるのは、少なくとも2サイズは小さなタイプばかり。一方、私の愛車は〝中学デビュー〟よろしくなヤンキー仕様のママチャリ。ハンドルが意味もなくお空を向き、何も入れないのが鉄則の前カゴは、サイよろしくあらゆるものに果敢にぶつかるので、前部がボコボコである。そのサイが、自転車置き場に何とも言えない違和感を醸し出す。

重い足取りで受付カウンターに向かうと、今度はスタッフさんから違和感を醸し出される。〝本当に6年生から始めるのですか？〟と。多重な違和感にもめげず、施設利用案内や施設での決まりごとを聞いていく。

「初めはゴーグルは要らないからね」

マジで水慣れ顔つけからである……。世の中なんと厳しいことか。

水着に着替え、ゴーグルというウェポンなし、裸一貫プールに赴く。と、プールサイドには1・2年生が山ほどいる。準備体操をしている彼らの視線の先には、ルーキーのくせに社長出勤な私。まさか、同門とは思っておるまい。

コーチに促され私も隅の方でしぶしぶ準備体操を始めると、周りがざわつき始める。突然の大物ルーキー参戦にどよめく先輩方。多くの視線を浴びながら、それぞれのコースに分かれてレッスンを開始する。自己紹介をすると、やたら大きな低学年仕様の拍手に包まれた。

「何年生？」

……最も痛いところをキュートな笑顔で串刺しにしてくる先輩方。愛らしいラッコの水泳帽が憎い。「6年生」と答えると、「オー」という歓声とさらに大きな拍手でのお出迎え。もう

〝一人背水の陣〟である。

プールに入ると水の深さはお腹ほどまでしかなかった。

初日の行は、ビート板を用いたバタ足。息継ぎの際には大きな声で「パアッ」と声出し。声変わり手前の「パアッ」のキーは原曲よりも低い。そんなこんなで、コーチからの労いの言葉とともに練習を終えた。

と、その時、この日最大の熱い視線を感じた。その先には、プールサイドでこちらを見て茫然と立ち尽くす同級生。

まさか。教室でいちびっているあいつが、可愛いラッコたちとともに何をしているのか。

今世紀最大のスキャンダル。彼は、完全に固まっていた。私は凍りついていた。突如、明日からの学生ライフに暗雲が立ち込める。間違いなく噂は広まるだろう。

3秒ほど見つめ合うと、彼はシャワーへと消えていった。見てはいけないものを見た――彼の背中がそう語っていた。

6年生から始めるスイミングスクール通いは、ものすごくしんどかった。全く出口が見えなかった。それでも12回、3ヵ月程度は通った。それは、

〈自分はこのままではいけない。変わらないといけない〉

という意識があったからだと思う。アイデンティティや自尊感情、それぞれの核で揺れ動きながら、自分の在りように対して懐疑的でいる自分にうっすらと気づいた時期だった。

その間、すぐに同志もできた。隣の小学校に通う、一つ下の男の子だった。偶然ロッカーで

一緒になって仲良くなった。というよりも、藁にもすがる思いで私が急接近したという表現の方が正しい。

敬意を込めて彼のことを「師匠」と呼んでいた。そして、自分自身の名前は「川村大佑」だということにしていた。〝先輩〟だからレッスンのグレードも違ったので、私の本名は伝わっていなかった。

生まれてはじめて、人に「かわむらくん」と何度も何度も呼ばれる経験をした。高くて少しだけかすれていた彼の声。4年生の頃、初めて日本名を使ったときとは明らかに心境が違っていた。

「師匠」は、すごく穏やかで表情の柔らかい子だった。あまりこだわりがなさそうにも見えた。ロッカーで名前を聞かれたとき、本名を告げてその由縁を説明することをとても億劫に感じた。そう毛穴で感じた。

〈あれこれ説明して、めんどうくさがられて距離をとられるよりも、無難な関係を築きたい〉と考えたのだと思う。「どうせ理解してもらえないだろう」という、あってはならない諦観意識である。

毎週木曜日に師匠といろいろな話をすることが私の楽しみになっていた。特に、未知の世界である〝隣の小学校〟の情報が私の心を虜《とりこ》にした。どんな人がいて、誰が一番足が速いか、ドッジボールの上手い人は誰か、運動神経が一番いいのは誰か、喧嘩が強い人は誰なのか、私と同い年で学年を牛耳っているのは誰なのか――。

水泳のレッスンにはすぐに嫌気がさしていたけれど、師匠の存在が私をスクールに駆り立てた。ただ、同級生との関係を思うと限界だった。その話題には触れたくても触れられないという、嫌な雰囲気もクラスに蔓延している。住吉小学校の低学年の子と同じレッスンを受ける可能性もあった。それだけは避けたい。

だから、思いきって母親に辞めることを告げた。ビンタでもされるかと臨戦態勢で臨んだが、驚くほどあっさり受け入れてくれた。母親としても無理があったと反省している様子だった。

退会手続きを済ませた日、ものすごく心が軽くなった。もうこれで、恥ずかしい思いをすることもない。周りに気を遣わせることもない。スキャンダラスな日々に終わりを告げるラストデイ。一つだけ気にかかること、それはもちろん師匠のことだった――。

これまで通り、ロッカーで師匠を待つ。いつもの温和な表情で師匠が入ってくる。いつも通りの情報交換、柔らかい時間。距離感がいい。居心地がいい。虚勢を張る理由がない。初めて経験する脱力感に包まれながらの人間関係だった。

「あんな、ししょう、今日でおれ、やめるし」

「あ、そうなんや」

今も耳に焼きついている師匠の声。軽くやさしい。それは、普段と変わらぬ〝ぶれない〟師匠そのものだった。

師匠の存在に助けられたこと、師匠との時間が楽しみだったこと、師匠の醸し出す雰囲気は自分にはないもので魅力を感じていること、そんな思いの集積を伝えたかったのだと思う。だが、6年生の私にはそれは無自覚で、とにかくこれで関係を終えることだけは嫌だった。だから、住吉公園に師匠を招待した。次の週の木曜日、夕方に来てほしい。私の友達を紹介する。一緒に遊ぼう、と。

本当に師匠は来てくれるのか、その日、不安の中、スクールの駐輪場で師匠を待つ。師匠は相変わらずの軽い足取りでやってきた。下界で師匠と対面するのはこれが初めてだ。

師匠らしい柔らかい所作で鍵を差し込んだのは、小学生には活用できないギアの切り替え装置、きれいな前カゴ……。

公園までの道のり、師匠の表情を気にかけながら、今から会ってもらうのはこんなメンバーだよと私が説明を始める。それに全く乗ってこない師匠だった。

公園の入り口、U字の車止めを抜けると同級生たちが待ってくれていた。お互いを紹介し、みんなでお菓子を食べながら、師匠の「隣の小学校情報」に耳を傾ける。砂場の縁《ふち》で「どんじゃんけんほい」をした。

その間、同級生は私のことを「りーくん」と呼び、師匠は私のことを「かわむらくん」と呼ぶ。そこには不思議な空間が出来上がったが、なぜか私に焦りはなかった。

一通り話し終え、同級生たちは帰っていく。そろそろ師匠も帰る時間だ。

その時、私はこのまま別れるのは嫌だと思った。このままだと師匠にとって私は永遠に「かわむらくん」のままだ。嘘をついたままだ。

本名を伝えた方がいい。伝えないといけない。あれこれ悩んだが、伝える決心をした。

師匠を前に、なかなか言葉が出ない。日本人として振る舞っていたが実はそうではないこと、日本の名前と韓国の名前があること、そして本名をカミングアウトするという初めての体験だった。

「おれ、ほんまは李っていう名字やねんか」

「おれ、かんこくじんやねん。ざいにちかんこくじんっていうて、日本で生まれたかんこくじん」

師匠の表情を確認する。変化がない。曇る様子もない。伝わったのか。聞こえていなかったのか。師匠は、こちらを見つめて一言こう言った。

「へー。そうなん」

……それだけである。たったのそれだけである。何も聞いてもこない。

私への同情からか、それとも動揺しているからか。黙って師匠の表情を読む。だが、同情も動揺もどちらも感じ取れない。これまで通りである。思わず聞いた。

「なんにも思わへんの？」

「え？　なんにも思わへんで」

まさに拍子抜け、いたってこれまで通りの師匠は、暖簾《のれん》のようだった。もう、それ以上言葉を重ねたり何か聞いたりするのはやめた。師匠の柔らかい表情がそうさせた。

愛車にまたがり師匠が帰っていく。またね、と告げたが次に会う約束はしなかった。

あの日以来、師匠とは会えていない。後日、同級生に聞いたところ師匠は私立中学に進んだようだった。

期間限定であった師匠との時間。その間、偽りの自分に対して、純粋に向き合ってくれている師匠に申し訳ない気持ちがあった。初対面のときにもった自分の諦観意識と師匠の温かい人柄のコントラストがつらかった。

それだけに、師匠の反応には驚いた。私にとっては決意のカミングアウトだったが、師匠にとってはよくわからない話だったのだろう。ただ、それだけだったのだろう。

このとき初めて、〈みんな、ふだんは自分が日本人であるっていう自覚をもったり、そう意識したりして生きてるわけじゃないんだ〉と感じた。

ちなみに、スイミングを続けるのはもう限界だと感じさせたあだ名がある。ラッコ先輩たちによる私への愛称。〝ガリバー〟……。日本社会の風はこんなところでも私に厳しく、時に愛くるしいものでもあった。

日本人か韓国人か

自分のことすらよく理解できていないし、自分を制御することも難しい。これは思春期に限ったことではない。大人になってもそうである。ただ、思春期というやつは特に厄介で、個人差はあるもののほぼ全員が何らかの悩みを抱えたり不安に直面したりしている。そのそれぞれが教室でひしめき合っているのだから、ぶつかり合いが生じる。その「ぶつかり稽古」こそが、子どもも大人も成長させる。

私の初めてのぶつかり稽古の相手は母だった。兄弟子よろしく、果敢に母の胸を借りる。「チャリ（自転車）買《こ》うて」「スーファミ（スーパーファミコンの略）買うて」「リーバイスのジーパン買うて」

「まだ乗れる」「普通ファミでよろしい」「リーバイスは大人になってからや」

兄弟子兼財務省は相当に厳しい。それでもぶつかっていく。何度もはね返される。負け戦《いくさ》承知でぶつかり続ける。手を出されることはなかったものの、母は相当手強かった。

毎日のように稽古をしているとこちらも下半身がしっかりしてくるもので、だんだん要求が高くなってくる。そのうち私の要求は「夜に先輩の家に行かしてくれ」の一点張りになっていった。身長も母より大きくなり、気持ちは負けていない。史上最大のぶつかり稽古が始まった。

母はそんな息子の台頭に頭を悩ませたことだろう。何といっても、夜徘徊することなど非行への第一歩に他ならない。子どもだけで夜に外出するなど、言語道断である。が、あまりにしつこい私のぶつかりに母が初めて折れた。

「週に1回。必ず9時に帰ってくること。それが守れへんねやったら、二度目はないで」

先輩の家は徒歩30秒の所、同じ町内にあった。親同士知らない間柄ではなかったことも母が折れた理由の一つだったのだろう。私にとって、はじめてのおつかいならぬ、はじめての夜遊びである。

初めて先輩の家に行く夜、晩ごはんを食べ終えるとランドセルを開き、翌日の準備をすぐに済ませる。靴を履き玄関を開けるまで、その一連の流れをずっと母は見守っていた。私は母の心配など感じることもできず、自分の胸の高鳴りだけを感じていた。

玄関を出ると先輩の家にダッシュする。マンションの一室の扉を開けると、楽しそうな先輩たちの声が聞こえてくる。部屋には一学年上の先輩が3人、当時流行っていた音楽と床にはスナック菓子。菓子の統制が厳しい我が家では見ることのできない光景。それは私にはユートピアに映った。

先輩たちとの楽しい時間はすぐに過ぎる。20時59分45秒まで部屋にいて、そこから10秒ダッシュである。家の玄関のドアを開けると母が立っていた。私はそんな母の心配など微塵も感じず、先輩の家に行く夜が毎週の楽しみになった。スイミングスクールとはえらい違いである。

先輩の家に集まっているのは多くても6人くらい、レギュラーメンバーは決まっていたが、いつも少しずつ顔ぶれは変わる。約束することもなく、その家に行けば誰かいるだろうといった感じで、いわゆる「たまり場」になっていた。

そこに所属できている優越感を私は抱いていた。同い年は誰もいない。1歳上の先輩たちは自分よりもファッションや音楽のことに詳しくて、みんなかっこよく見えた。中学に入ると一気にかっこよくなるんだなと、そんな風に感じた。

ある日、ドアを開けると先輩たちはみんなテレビでボクシング中継を観ていた。ボクシングは家で父親が観ているところに出くわす程度で、私はさほど興味がなかった。

父はいつも、東南アジアやアフリカといった地域出身の、いわゆる貧困や差別を背負わされている人種や民族のボクサーを応援しながら観ていた。もちろん在日コリアンや被差別部落出身の日本人ボクサーも応援していた。私にはその光景が普通だった。

その日中継されていたのは「日本人同士」の試合だった。あまり興味が湧かない私は、ボクシングよりも先輩たちの話が聞きたかった。すると、一人の先輩がこう言った。

「どっちも日本人やし、どっちを応援したらええかわからへんわ」

びっくりした。時が止まった。衝撃的だった。

もちろん、現在では同じ国の出身者を無条件に応援したくなる気持ちは理解できる。当然なのだろうとも思う。しかし、私は当時、まさかそんな概念が存在するなどとは思ってもみなかった。誰もが父と同じで、その境遇や個性を支持できる選手を応援しているものだとの思い込みのようなものが私の中にあった。

〈みんなはこういうときに、自分が日本人やってことを意識するんか〉

と思った。このときは、自分がどの国を応援したらいいのか、するべきなのかなどと考えを巡らすことはできなかった。それを熟考できるようになるのは、小学校教員になって3年目に行われたサッカー・ワールドカップのときだった。

とにかく、日本人だから日本人を応援するという感覚がとても新鮮で、まったくボクシング中継に集中できなかった。

〈ぼくが　日本人をおうえんするんは　ちがうな〉と思ったし、

〈ぼくが　韓国人をおうえんするんも　ちがうな〉とも思った。そして、

〈ぼくは　なにじんを　おうえんするべきなんやろう……〉

と思ったのである。

「帰属意識」なんて言葉はもちろん知らなかった。ましてや国への帰属意識という意味では、自分の胸の中にポッカリ穴が空いていることなど、知る由もなかった。

よく「在日やったら日本人と変わらへん。一緒やん」と言われてきたが、決してそうではないことが私の経験からもわかると思う。私は日本人ではないし、かといって韓国人でもない。「同じ国出身」「祖国」という言葉が自分の内面に定着していない。その中で「在日コリアン」という境遇は他人と共有できる。

私の帰属意識は「日本で生まれた朝鮮半島出身者」「日本社会におけるマイノリティ」にある。誤解を生まないようにしておきたいが、決して日本人や韓国人だと思われるのが嫌なのではない。同じでないのに「同じです」とは言いがたいからこう言っている。

もしかしたら、日本に生まれ日本社会で育ったのだから、日本人のボクサーを応援することが〝ごく自然〟なことなのかもしれない。ただ、その〝ごく自然〟が感じられるのは、意識的か無意識かはともかく〝ごく自然な帰属意識〟が芽生えている人たちだけだ。いわゆる民族マジョリティのものなのである。

民族マイノリティの私にはその〝ごく自然〟な帰属意識は芽生えていなかった。それは、私の境遇から言って〝ごく自然〟なことだったのだろう。

第2章

たくさんの出会い、人生の岐路

名前の「儀式」

京都市立伏見中学校に入学し、最初の数日間でクラス内の緊張感は少しずつ緩んでいたが、私の不安や緊張はそのままだった。

それは、クラスでの自己紹介で「李大佑《りてう》」だと言ったとき、それまでに何度も経験したことのある〝特有〟の雰囲気を感じ取っていたからだった。

違う小学校出身のクラスメイトたちは、私の名前を聞くと仲の良い者同士で目を合わせてニヤッとしたり、「てう?・」と初めて聞く不思議な名前に疑問をあらわにしたりと、嫌な雰囲気が充満した。それは「そこ(在日)は触れてはいけないところ」であるとの不文律そのものだった。

私の小学校では、在日のクラスメイトがいることは子どもたちの社会に浸透していた。隣の小学校ではそうではなかったようで、「在日アレルギー」というのか、お決まりの〝かわいそうなひとびと〟といった捉え方が拭えていないようだった。

それは私にどうこうできることでもないし、その不文律には慣れてもいたのでとにかく様子を見ることにした。すると、休み時間にお決まりのパターンで新しくクラスメイトになった男子が声をかけてきた。

「中国人なん？」

声のトーンと表情の明るさから、本気と冗談が半々なのはすぐにわかる。３文字のクラスメイトに興味津々といったところだろう。それと、教室での力関係いわゆるスクールカースト争いは始まったばかりで、探りを入れてきているのもわかる。

「韓国人。なめてんの？」

最初に甘い態度を見せるといじられてしまうことは経験上分かっていたから、強めに出ておいた。この〝作業〟が３週間ほど続いた。６クラスもあり新しい出会いばかりで、多くの同級生は意識的にせよ無意識にせよ、力関係で少しでも上位につきたい。それはみんな同じだ。だから、相手の出方によって差はあっても多くは「なめてんの路線」で対処した。

とはいえ、〈またこの作業か。面倒くさいな〉と思った。

この面倒くさい〝作業〟はいわば年中儀式みたいなもので、新しい環境に身を置くたびに余儀なくされる。それよりも私にとって嫌だったのは、年度初めの授業で各教科の先生が名前の呼び方を一人ずつ確認する、あの作業の方だった。

1クラス30名以上いたが、私以外のみんなは呼名されてすんなり終わるのがほとんどだ。たまに読みが珍しくて先生が呼び間違えることもあるが、生徒が正しい読み方を伝えればすぐに事なきを得る。

これが私になるとそうはいかない。まず「大佑」を「てう」と読めない。たいがい「だいすけ」か「だいゆう」で、「たいゆう」というのもたまにあった。このどれかで呼名されて私が「てう」と修正する。それでも「ていゆう？」「てゆう？」と聞き返される。私が「う」に力を入れて「てう」と再度伝えてやっと「てう、と読むんか……」で終わる。この作業がほとんどの教科で行われるのだ。面倒くささよりも恥ずかしさの方が上回った。

今なら確実にネタにできる。クラス全体に「次は何て読みよるやろな。賭けようや」と盛り上げに走る。だが、このときにはそんな余裕はまったくなかった。クラスの3分の2は初対面なわけで、この作業をどう思われているのかが気にかかる。

自分の番に近づいてくるにつれて心臓がバクバクした。直後の休み時間などに同級生が誰もネタにしなかったことを考えると、私は小心者であるがゆえの威圧的オーラを醸し出していたのだと思う。

結構なハードレッスンであったが、振り返ってみて一つ良かったと思うのは「私の問題がクラスの問題へと波及した」点である。失笑されたり嫌な雰囲気が漂ったりもしたが、少なくともその場で、私の名前を通して民族マイノリティとしての一つの体験を共有できた。

もちろん、その体験が差別や偏見を助長する反作用の役割を果たすこともあるだろう。しかし、少なくともマイノリティの存在や苦悩を肌で感じること、無意識にでもマイノリティの存在が顕在化することは、マジョリティにとってプラスであると思う。啓発なんて言葉はおこがましいが、私という存在そのものが「マイノリティについて考える一つのきっかけ」になったことを今うれしく思う。

それにしても、当時の先生たちは名前の読みを事前に確認しておかなかったのだろうか。まだまだ学校も荒れていたし、する余裕がなかったというところだろうか。

とはいえ、当時から大事にしてもらい大好きな先生たちばかりだから全く腹も立たないし、もちろん被害者意識など微塵もない。むしろ差別や偏見も入り混じる生徒同士のぶつかり稽古を大らかに見守り、マジョリティもマイノリティもどちらの生徒も寛大に育ててくれた当時の先生たちには、感謝してもしきれないのである。


中学1年生当時、チキンのくせにいちびりで思春期真っただ中という、とてつもなく複雑でややこしい私の担任をしてくれたのが森山潤先生だった。間違いなく森山先生との出会いが私の人生を変えた。

男性の先生が担任になるのは森山先生が初めてだった。当時26歳の森山先生はサッカー部の顧問でマウンテンバイクが趣味と、アクティブな第一印象だった。学級開きをしてすぐの時期に行われた「学級対抗ダンボール送り競争」で、目標に向かって学級が一致団結することの良さや成功体験をすぐに味わわせてくれた。クラスのみんなにとって最高のスタートだった。初めてクラスに帰属意識を強く感じた。

森山先生は技術の先生だった。最初の授業を今でも覚えている。「無人島からどうやって脱出するか」をテーマに議論する内容だった。一人ひとりが考えていろんな意見を言う。初めてクラスメイトの言葉に真剣に耳を傾けた。〈授業ってこんなにおもしろいんや〉と、たったの50分間で授業観が変わる経験をした。

授業だけではない。とにかく森山先生は温かかった。「授業中は敬語で話すけど、休み時間はタメ口でも許してもらえる」という、規律と親近感が絶妙だった。温かい人柄とユーモアも相まって、森山先生の周りにはいつでも同級生が集まった。

クラスで特に勉強が苦手な男子2人は、日曜日に勉強会を開いてもらっていた。それを知った私はとてもうらやましく感じた。私にも特別な関わりをしてほしいと思ったものだ。こんなに親身に篤《あつ》く関わってくれる先生には初めて出会ったので、2学期に入る頃には強い憧れをもっていた。

〈こんな男性になりたいな〉という、初めて身近に感じた生き方モデルだった。このときはまだ教師を志したわけではなかったが、人と〝熱く〟〝篤く〟関わって生きる大人になりたいと感じたきっかけをくれた人だった。

生涯の友

森山先生のおかげで、とても安定した状態で中学生として初めての夏休みを迎えることができた。そして2学期、生涯の友と呼べる友人との出会いに恵まれる。

〝タカ〟こと髙橋弘周に初めて会ったのは、小学6年生の2月だった。伏見中学校校区の3小学校が集まって順位を競う体育大会で、隣の小学校出身の彼は大きな存在感を放っていた。足が速く、身長も高く、ユーモアもあった。第一印象から〝ボス〟なのはすぐにわかった。入学後、何度か私の方から声をかけに行ったが、そのときのタカの態度はそっけなく、挨拶程度といった感触だった。

2学期に入り、偶然にボウリング場でタカと一緒になった。そこでタカに話しかけると、それまでとは違いとてもフランクに接してくれた。私はとてもうれしかった。

その日、私は初めてボウリングをしたのだが、それを悟られまいとガチガチだった。おまけに髪の毛は人生で初めてジェルなるものをつけて、無意味にカチカチだった。やたらと重く扱えないレベルの球をチョイスしたり、本当はファンタが飲みたいくせに缶コーヒーを飲んだりした。着ている服は私だけ小学生時代と変わらないグレーのパーカで、他のみんなはお洒落に気を遣っているように見えた。そんな私にとって、近くのレーンで自然体で過ごしているタカの姿はとても魅力的に映った。

その日の帰り道、駅でタカと一緒になった。別れるまで二人でいろいろと話をした。その時から現在まで、どんな時でも笑顔で迎え、どんなことでも腹を割って話してくれるタカと、私はずっと親友でいる。

タカのお父さんは地元では名士で、お母さんにも優しくも厳しい躾をされていたことがタカからたびたび伝わってきた。3人兄弟の長男で、髙橋家の長男であることを誇りに思うと同時に、両親の期待に応えることへの責任感を事あるごとに口にしていた。

タカは両親の教えや躾に忠実だった。温かく大らかで、ダメなことはダメだと言える、絵に描いたようなリーダーだった。そして、何よりユーモラスだった。笑いについても司令塔で、友達一人一人の良さを生かせるような話題の振り方や、笑いの方向性を定めてその場の空気をみんなで共有できる雰囲気づくりに長けていた。

タカの司令で、当時めちゃくちゃ恐かった生徒指導の先生の家に電話をかけ、したくもない人生相談をしたり、ブルセラの自販機で買いたくもない女性ものの下着を買わされたりした。こんなことは枚挙にいとまがないが、タカからは邪《よこしま》な気持ちが全く感じられなかったので、司令を受けている誰も嫌な気持ちがしなかった。それどころか、タカから司令を受けることが一つのステータスにまでなっていた。

タカが信頼され愛される理由は他にもあった。タカは自分の失敗や困りを笑いに変えて明け透けにみんなに伝えた。成長著しい彼は水泳学習の際にわき毛が生えていることをばれたくないがために、その日の朝に除毛クリームで剃ってきたことや、下痢気味の日にパンツに少し色彩を加えたことを、みんなの前で堂々と明けっ広げに話す。そんな彼にみんなが好感をもつのは当然だった。

当時、そんなタカの対極にいたのが私だった。失敗したことや困っていることを打ち明けることができず、対人関係においても変に力が入っている。私はタカの姿を通して自分のちっぽけさに何度も気づかされた。それまで感じてきた強迫観念は自分が作り出してきたものだということにも気づかされた。無意識に自分が相手を睨《にら》みつけていたから、相手も睨みつけてきていたのだ。

タカが描き出すリーダー像は、当時の私にとって未知のもので、とても新鮮でとても魅力的に映った。純粋に、ずっと一緒にいたいと思った。

タカがリーダーとして優れていたのはこれだけではない。〝OFF〟よりもむしろ〝ON〟の時のリーダーシップに私は感嘆した。音楽の授業の話をしていたとき、私は思春期特有の「みんなの前で歌うなんて　めんどうくさくてありゃしねー」的な発言をした。タカも共感してくれると思ったからである。しかし、タカはあっさりこう言った。

「りーくん。めちゃくちゃダサいぞ。ダサすぎる。本気出さへんとか全力でやらへんとかダサすぎる。そんなんあかんわ。みんなより先に、一番最初にでっかい声で歌ったるぐらいでちょうどええねん。もう、ダサいこと言うなよ」

まさに価値観を揺さぶられた瞬間だった。タカは言うだけではなくそれを実践してみせた。誰も発言しないとき、誰も挙手しないとき、誰も動き出さないとき、必ずといっていいほど一番にアクションした。

タカに価値観を揺さぶられたのはこれだけではない。喧嘩や暴力についてもタカは独特の価値観と言い回しで、私や私以外の同級生を何度も揺さぶってくれた。何かと強権的で暴力も厭《いと》わない当時の私に、たびたびタカは説教めいた話をしてくれた。

「りーくん、俺らたぶん喧嘩なんて弱い部類やで。だって怖いやん。怖ないか？　殴るんも殴られんのも。俺は正直、怖い。そやし喧嘩なんかしんこっちゃ。喧嘩せんでも言うこと聞かせられなあかんで」

これが説教に聞こえないところが、タカの魅力であり人間力だった。当時は尾崎豊が亡くなった直後で、私も同級生たちも尾崎豊の世界にどっぷり浸り込んでいた。バイクを盗む根性も理由もなく、バイクにまたがることすら怖かった。生来きれい好きの私は校舎の窓ガラスを拭いて回っていた。そんな私でも、あのギラギラ感や喧嘩に憧れていた。

そんな時期にタカはそう言ってのけたのである。タカに諭されて以降、同級生に暴力を振るうことが激減した。タカと過ごすうちに、自然と肩に入っていた力が抜けていったように思う。

タカのお父さんが亡くなったのは、タカが6年生の3月のことだ。そのことを初めて知ったのはタカと仲良くなる前のことで、仲良くなってからもお父さんのことは聞かないようにしていた。でも、それから1ヵ月も経たないうちに、タカはそのことを私に伝えてくれた。

中学生ながら、信頼してくれているんだとわかった。そのことがとてもうれしかった。それまで感じたことのない同級生からの信頼の眼差しだった。

タカはお父さんの病気のことや、それまで住んでいた家から引っ越してきたことなど、包み隠さずに話してくれた。お父さんがとても厳しかったことや地元のたくさんの方から信頼されていたことなど、家庭での一面も社会的な面もどちらも語ってくれた。どの話もとても心に残った。そうして話を聞いているうちに〈タカの話を聞いているばかりで自分のことは語らないでいいのか〉と自問自答するようになっていた。

そんなとき、ある日タカは私にこう言った。

「りーくん、学校で配られる名簿あるやろ。あれの保護者の欄が、俺の父親のところは空白なんや。それを見るのが嫌で、配られたらすぐに机の奥にしまうねん」

そのとき初めて、タカの胸の痛みが自分の胸の痛みになった。

同時に、タカは受け止める側の私を気遣い、まずは受け止めやすい話からしていたのだということに初めて気づいた。そして何よりもこう思った。

〈タカは　自分の胸の痛みに　向き合っとる〉

〈タカは　傷ついたことを　さらけだしよる〉

〈おれは　痛みや傷から逃げて　ばれることを怖がってる〉

このままではダメだと思った。目の前の髙橋弘周という一人の人間に申し訳なく思った。だから、自分の胸の痛みやこれまで傷ついたことを伝えようと思うようになった。ただ、それまで誰にも伝えたことのない、話したことのない痛みと傷だったから上手く話せなかった。何度もトライして、小分けにしてタカに伝えた。

在日韓国人であることでずっと孤独感があったこと、差別を恐れていたこと、恐れるがゆえに攻撃的になったこと、それが染みついて抜けないこと、今でもいじめられるのではないかと不安なこと……。それ以外にもたくさんタカに話したと思う。

そんな時、タカはいつも冷静に、うなずきながら聞いてくれた。「りーくんの気持ちはわからへん」がタカの口癖だった。軽々しく相手の気持ちを理解できるなんて言えないという、タカの哲学であり思いやりなのはすぐにわかった。

タカに話すたびに心が洗われるようだった。聞いてもらうたびに、心の奥底の恐怖心や猜疑心というトゲのある岩がくだかれる。二人で語り合う時間は出会ってからの時間に比例して長くなり、その奥深さも増すばかりだった。

タカの価値観に触れたこと、自分の胸の痛みに向き合ったこと、それらは確実に日頃の振る舞いや人間関係に影響を及ぼしていった。タカが私を変え、その私が内面にある私を変えていこうとする日々だったように思う。タカと二人きりで話をすることが、私にとって生きる活力を与えてくれる源泉だった。

ある日、タカは私にこう言った。

「りーくん、新しいおとうさん来たらどうしよう……」「新しいおとうさん来たら、ちがう名字になるやんけ……」

私は、タカが何を意図して言っているのかわからず反応に困った。その後にこう続けた。

「アソコがでかそうな名字になるんかなあ……。りーくん、アソコがでかそうな名字ってどんな名字やと思ってんねん。答えておくれ……」

〈ええかげんにせえよ〉と思った。反応に困って損した。そんな名字はない。

こんなふうに一事が万事、タカは自分の境遇をネタにした。しゃれにならない失敗談でもネタにした。

初めは、こうして境遇をネタにするタカの気持ちや意図が全然わからなかった。でも、タカと二人で胸の内をさらし合い、互いの傷に向き合っていくうちに、少しずつその意図を理解できるようになっていった。感じていったと言う方が正確かもしれない。

タカは出会ってすぐに、私のアイデンティティの問題は単純なものではなく重層的なものであることを感じたのだろう。そして、自分自身が父親を亡くし長男として家族をこれから支えていかなければならないという重圧や苦しみと、その重層性を重ねたのだろう。大変な社会的立場を私が背負っていること、その過程で、私に余計な力が入ったり社会(中学校生活)を斜《はす》に構えて捉えたりしていることを感じたのだとも思う。そんな私にレッスンを施してくれていたのだ。

「りーくん　もっと力を抜けよ」

「りーくん　周りの人間は捨てたもんじゃないぞ。信頼したらええんやぞ」

「りーくん　弱みをさらさんと、心を開いてなんかもらえへんぞ」

「りーくん　自分から腹をさらせよ」

と。タカは被害者意識など微塵も感じさせなかった。境遇をネタにして笑いに変えることは、周りの人間に気を遣わせない配慮だった。その姿は一貫していた。

「マイノリティやとか成育歴が大変とか、だから何やねん。前向いて進んだる」

そんなメッセージをふんだんに幾度となく感じた。同い年のこうした言葉や振る舞い、そしてその裏にあるものも、すべて生きるバイブルとなった。

それでも、13歳の私は在日韓国人であることをネタにすることはできなかった。ネタにする勇気がなかった、の方が近い表現だろう。

普段のタカの姿をモデルに在日をネタにしている自分を想像してみる。その場、その瞬間はいいかもしれないが、そのあと同級生たちからネタにされることが一番怖かった。何より、自虐と加虐は全然違うと思った。自虐ネタにするにはあまりに重いとも思ったし、父やハンメに申し訳ない気持ちもあった。

葛藤しながらタカの姿を間近に見ているうちに、こう感じるようになった。

〈タカはお父さんがいないことを、自分の弱みだと決めつけてないんちゃうか〉

自分は、在日韓国人であること、マイノリティであることを、これまで無意識に弱点だと決めつけて生きてきたのではないか。そんなことをこのとき初めて考えた。

確かに、それをネタにされて笑われたり、かわいそうな人だと決めつけられるような空気感があったりしたことは事実だ。でも、事実と解釈は違う。解釈の仕方を変えてみよう。一人で部屋の天井を見ながらそんなことを考えるようになっていた。

〈まだネタにする勇気はないけど、弱みを強みに変えよう〉

少しずつ口角が上がっていくのと同時に、少しずつ前向きな気持ちが高まっていく。内側から自然と前向きな気持ちがつくられていくのを感じる。

このとき〝ポジティブな気持ちの再生工場〟が心の中に建てられた。この工場のベースをつくってくれたのはタカであり、工場の外観のイメージを形づくってくれたのもタカだった。

それ以来、工場はフル稼働を続けている。正月でもゴールデンウィーク中でも、傷ついたときにはモーターとタービンを駆動し、私自身を修復してくれるのだ。弱みという資源を強みというエネルギーに変えてくれるこの工場を、私が手放すことは生涯ないだろう。

ラグビー部に入る

中学2年生になり、新しいクラスで威圧的に振る舞うことはほとんどなかった。入学したての私と比べれば別人のようだったと言える。それだけ森山先生やタカから自尊感情・自己肯定感・自己有用感を育んでもらえていたのだろう。同級生から差別されることへの恐怖感は、この頃すでにほとんどなかった。

差別との向き合い方も大きく変わっていた。というよりも変わらざるを得なかった。毎日の授業があり、それにつながる定期試験があり、上下関係の厳しい部活があり、最も上手くいかない恋愛があり、と多忙な毎日が差別への向き合い方を変えていく。簡単に言うならば「差別についてなんて考える暇もありゃしねぇ」状態だった。

私にとっては、この時期にそうあったことは今思えば良かった。勉強や部活や恋愛に追われたり自分から追っかけまわしたり。在日コリアンとしての自分よりも、学生として、プレイヤーとして、恋に恋する14歳としての自分に向き合い葛藤する、そんな毎日が自然と重層的なアイデンティティを積み上げてくれたのだ。

この頃、最も頭を悩ませていたのは部活についてだった。私はミーハーなので、当時大流行していた漫画『ＳＬＡＭ ＤＵＮＫ《スラムダンク》』に憧れ、バスケットボール部に入部していた。身長は当時、早熟で160㎝を超えていたものの両親を見ると多くは望めない。手先も不器用だった。

上下関係も厳しく、水も飲ませてもらえない。しかも、部員が多すぎて練習場所が確保できないために、最上級生になるまでは体育館の周りをずっと走っているだけ。技術的な指導は誰にもしてもらえなかった。全く面白くなく、全く将来展望を感じなかった。私は高め合う集団にいたかったのである。

〈このままバスケを続けても　なりたい自分にはなれへん〉

〈もっと自分を生かせる　高められる環境に身を置きたい〉

そんな時に、熱心にラグビー部への勧誘を続けてくれたのが井上敬治先生だった。

井上敬治先生は高校3年時に、伏見工業高校（現・京都工学院高校）ラグビー部が初めて全国大会に出場したときのスクラムハーフ（9番）だった。コンビを組んでいたスタンドオフ（10

番）は、あの平尾誠二さん（元ラグビー日本代表選手・のちに監督、故人）だ。

井上先生は接しやすく、温かく、ユーモアもあり、冗談も頻繁に言ってくれた。そのうえで、とてつもなく恐かった。私が抱いたのはまさに畏敬の念である。

顔を合わせるたびに井上先生から声をかけてもらっていた。「おまえがラグビーをしていないことがもったいない」「その持っているものを活かすのはラグビーしかない」「先生と一緒にラグビーをしよう」「いつでもいい。待っている」と。

私への大きな期待を毛穴レベルで感じ、うれしかった。「自分のことを必要としてくれている」「ありのままの自分を認めてくれている」と強く感じたのは生まれて初めての経験だった。最初は部員勧誘の一環くらいにしか感じていなかったが、井上先生の人柄に接したり経歴を知ったりしているうちに、「この人のもとなら　自分を高められるのとちがうか」と思うようになっていった。

〝バスケットボールに打ち込む自分〟（正式には、バスケ部に打ち込む自分）に魅力を感じなくなってからも、一度自分が決めた部活動なのだから最後までやりきらなければならないという思いと、友達を残して転部することへの後ろめたさが相まって、ものすごく悩んだ。それでも日増しにラグビー部へ転部したい気持ちが勝っていく。

それは、井上先生が私にくれた温かく希望に満ちたまなざしによるものだと思う。「もったいない」という言葉をキーワードに、私の在日コリアンという社会的立場と私自身のキャラクターをかけ算したときに生まれる無限の可能性についての語りによるものだと思う。井上先生から直接「在日コリアン」だとか「少数者」だとか、そんな言葉が出てきたのではない。私のもつ可能性にかける期待感が井上先生の身体中からムンムン出ていたのである。

〈この人のために　この人からの期待に応えるためにラグビーをしよう〉

〈おれの可能性って　何やろう〉

そんな気持ちで2年生の6月、ラグビー部に転部した。

決してラグビーに興味があったわけではなかった。むしろ、背も高くなく細身だったのでラグビーに向くのか心配だった。そんなことよりも、自分の可能性を信じてくれる井上先生のまなざしがうれしくて、そのまなざしに応えたくて、ラグビーをすることに決めた。

入部して以降、いじめられることへの恐怖心や強迫観念は全く感じなくなった。どう表現すればいいのか悩むが、無意識に「荷が下りた」ような感覚だったのだろうと想像する。

井上先生は私を変えてくれた。その温かいまなざしと私がもつ可能性への期待感によって変えてくれた。

井上先生が声をかけてくれていたのは当然で、当時の部員は入学したての1年生を合わせても15名ほどだった。ラグビーの試合は15対15で行われる。このままでは、転部したのに公式戦に出られないどころか、練習試合もできない。バスケットボール部とのコントラストに愕然とした。

バスケットボールよりもはるかにラグビーの方が難しく感じられた。ラグビーを始めるまでは、スポーツも遊びも何をやってもある程度できる自信があった。それなりに足も速い方だったし長距離走も好きだった。先述してきたように、負けたり追い抜かされたりすることは、イコール差別への下り坂だというような強迫観念も相まって、負けず嫌いな面もあった。でも、それだけではラグビーというスポーツには十分ではなかった。

3年生は4人しかいなかった。だが、ものすごく運動能力が高かったり根性があったりとすごい人たちだった。4人の先輩が持っているような根性を私は持ち合わせていなかった。

ラグビーはその特性上、コンタクト（相手との接触、ぶつかり合い）の激しいスポーツである。コンタクトの局面を避けたり減らしたりできるのは、その感性に長けた一流プレイヤーのみである。特に、ボールを保持している相手プレイヤーの前進を阻むために自分の全身で迎え撃つタックルには、苦難に耐えられる強い精神力、いわゆる根性が求められる。

その理由は単純で、痛いからだ。時には100kgもあるような男がトップスピードで走ってくるような場面でも、逃げることはできない。嫌でもタックルしなければ、ラグビーが成立しない。だから仕方なく、というか当たり前のようにタックルする。せねばなるまい。痛いのに。痛いのは怖い。恐怖心が伴う。だから根性がないとラグビーでは不利なのだ。

私は、目立ちたがり屋で自己顕示欲が高く、いちび李《り》だった。それは、その裏に隠れている、いじられることへの恐怖心や心の弱さ、ビビ李《り》な面を自覚していたからこその表面《おもて》だったと思う。本当は根性なしの私には、タックルの恐怖心を乗り越えることが至難の業だった。この時初めて、スポーツで頭打ちになる体験をする。

「できない自分」「劣等生の自分」と向き合う時間の到来である。休日の練習後に残ってタックルバッグに何度も体を預けたりしても、なかなか成果を感じることができなかった。恐怖心の克服に人よりも時間がかかったのである。それは焦りに変わる。同級生たちや後輩にもすごい選手がたくさんいて、私の目の前で毎日しのぎを削っていたからである。

同学年のキャプテン、三宅敬は後に日本代表に選ばれた。小学校からの友達である秀くんは、私が転部した2日後に、同じくバスケットボール部から転部してきた。彼は後に大阪の強豪校の一つである啓光学園高校（現・常翔啓光学園高校）に進学し、第78回全国高校ラグビー大会で全国制覇を成し遂げている。高校日本代表候補（U18）にも選出されるなど、素晴らしいプレイヤーだった。

そんな秀くんと同時期にラグビーを始めた私は、どんどん上手く激しくなっていく秀くんの姿を見て焦りと劣等感を蓄積していった。

同じく小学生の頃からの同級生である賢一は、1年生の4月にラグビー部に入部していた。私がラグビー部に入るきっかけとしては井上先生の存在が最も大きかったが、幼い頃からよく遊んだ賢一がラグビー部にいたことが、迷う私の背中を押してくれたのは間違いない。

この賢一も優れたタックラーで、そのタックルの凄いところはまさに捨て身だったところだ。小柄な体で、恐怖心を全く感じさせず、トップスピードで相手選手の膝や足首に突撃していく。賢一と私のタックルする姿には天と地ほどの差があった。

ここに挙げた以外にも優れたプレイヤーはいたし、努力家が多かった。何よりみんな心底ラグビーが好きだった。

公式戦や練習試合の終了後、同級生たちは井上先生からタックルやコンタクトについてよく褒められていた。井上先生は私を思いやってランプレーやサポートプレーについて褒めてくれたが、タックルには苛立ちを感じられていたことと思う。期待し続けてくれた井上先生の、そのまなざしに応えられないことが悔しくて仕方がなかった。

ありのままの自分

そんなビビ李な私だったのに、公式戦を終えるまで一度も井上先生に怒鳴られることはなかった。コンタクトの局面で体を張れない同級生や後輩に先生が厳しく指導されることは頻繁にあった。にもかかわらず、私には厳しく詰め寄ったりされなかった。

井上先生は私の自尊心の危うさやそれまでの心の傷を敏感に感じ取り、褒めて勇気づけて伸ばそうと考えてくださったのだと思う。恐怖心からタックルできない私を批判するのではなく「いつか花開くだろう」と温かい眼で見守り、私の自己研鑽を信じてくれたのだ。

練習は自主的なものだった。井上先生の明示するランニングラグビーに必要となる練習に、生徒たちが自主的に取り組む。毎練習前に、キャプテンの三宅が井上先生と練習内容について打ち合わせをするものの、原則キャプテンの意向が尊重される。その間、井上先生は水を撒いたり、個人に声をかけたりされていた。チームの屋台骨とも思えるプレーについても、肝の部分は井上先生が教えてくれるが、それ以降はその教えを守りながら自分たちで自主的に反復練習に取り組んだ。

井上先生は主体性を育むことにより長けていたと思う。まず休日をしっかりと確保してくれた。ラグビー漬けになるのではなく、様々なことに興味をもったりいろいろな場所に出かけたりすることで、全人格的に成長してほしかったのだと思う。

強制したり矯正させたりする雰囲気がなかったので、純粋に内的モチベーションのみでラグビーに打ち込むことができた。もちろん、これは私の学年にストイックで自ら考えて行動できる生徒が多かったからである。違う学年では、強烈に叱咤激励する井上先生の姿があったことも事実だ。

中学２年生でラグビー部に入部したことは、私の人生の中で間違いなく一つの転機だった。そんな中、日常生活のふとした場面で「ありのままに在日韓国人できるのがようわからんし、なんか煙たい」といった感触を得ることもあった。

ある時、ラグビー部ではない１歳上の先輩が私にこんな風に言った。

「俺のオカンも　カンコク（人）やぞ。俺は日本やけどな」

ああそうなのかと、その瞬間に親近感をもった覚えがある。続けて先輩はこう言った。

「そやし　なんか、りーのこと　ようわからん。おまえカンコク（人）やからって　あんまりカンコク（人）カンコク（人）すんなや」

私の方が「ようわからん」と言いたくなった。

私とすれば、ホギャーと産まれ落ちてこの方「韓国人っぽい名前（というか、思いっきり韓国人の名前）」で生活してきただけである。「生きてきた」なんて表現すら似つかわしくない。そんなにたいそうなことではない。日本人が日本人として生まれ、そんなことには無意識に生活してきたのと同じである。

別に在日代表だとかマイノリティのスポークスマンだといった意識などあるはずもなく、どこにでもいる中学生であって、特別意識もなければ選民意識なども毛頭持ちえなかった。にもかかわらずこんなことを言われたものだから、首を傾げざるを得なかった。

続けてその先輩は、自分と同学年の女性を名指しし私にこう言った。

「あいつもおまえと一緒でカンコク（人）やぞ。でもあいつは別にお前と違ってカンコク（人）いうのを（前面に）出しようらへん」

私の頭の中は「？」マークでいっぱいになったが、たぶん先輩が言いたかったのは「在日ということを売りにしていちびる（調子に乗る）な」ということだろう。

私は調子乗りだし目立ちたがりだし、そのことに対する批判は受け入れ納得できていたように思う。しかし、在日韓国人ということを前面に出していたつもりはさらさらなかった。ただ、韓国名で生きる限りは否が応でも前面に出てしまう。

〈ほんなら在日はおとなしくして　下向いて　ひたむきに生きてる風やったらええんかい〉

というような思いをもったことを今でもはっきりと覚えている。

その1歳上の〝実は在日韓国人〟の女性の存在や生き方に不満をもったわけでも何でもない。

当時から〈いろんな生き方があってええんちゃうか〉というように捉えていた。私自身が「韓国（人）韓国（人）している」という評価のされ方に違和感をもっただけの話である。

井上先生から「ありのままの大佑で生きたらいい」というまなざしを受けながらも、一方で「ありのままに韓国（人）できんのがようわからん」という視線を同時に受けていたこの頃。中学2年生でこんなコントラストのはっきりした経験をしたことが自分にとってプラスになったことは間違いない。自己を内省することやメタ認知することにつながったと今は思う。とはいえ、当時はそんな風に客観的に自分を捉えることができるはずもなく、堤防で一人、先輩の言葉を何度もリフレインさせながら空を見つめていた。

3年生になり、ラグビー部顧問でもある井上先生が担任を受け持ってくれた。四六時中、井上先生と一緒にいるような感もあったが、大好きで尊敬していたので何の苦にもならなかった。生活の中心はラグビーだった。ラグビーのことばかり考えていた。入部して1年近く経ち、少しずつだが自分なりに成果を感じ始めていた。

私が入部した当初15人に満たなかったラグビー部も、2学年下には12名以上の新入部員が集まり一気に活気づいた。この頃よく「李くん、あいつも在日ですよ」とか「李くん、あいつが『自分も在日です』って言っといてくださいって言うてます」というようなことを後輩から聞かされた。

本人が在日コリアンだと自己開示するのはいいが、間違っても他人からそれが伝わることは避けなければいけないと感じていた。〈在日という社会的立場を背負って中学校生活を送るのは、なかなかにしんどいことだぞ〉などと偉そうに考えていた。

宝が池でのセレクション

中学3年生の春季大会の後、井上先生に呼び出された。京都選抜のセレクションに、三宅と秀くんともう一人の力のある選手に加え、私をエントリーしたとのこと。うれしさもあったが、それよりも私だけ実力不足の感が否めず、少し情けない気持ちにもなった。

その日の練習後、井上先生に思わず、

「僕が選ばれているのなら、賢一はなんで選ばれてないんですか？」

と聞いた。

「てう、（他人のことはいいから）とにかくお前ががんばれ」

と井上先生は答えた。その言葉の裏に、私への愛情や賢一への愛情を多分に感じた。〈この人の期待だけは　絶対に裏切ったらあかん……〉と強く思った。

その日から自分の中で、宝が池球技場で行われるセレクションに向けてのカウントダウンが始まった。本来ならもう一人は賢一が選ばれるべきだった、それだけに、情けない姿をセレクションで見せたら賢一にも示しがつかないと思った。毎晩ドキドキしながら布団に入り、いいセルフイメージを必死に描こうとしたが全然描けない、全然眠れなかった。

セレクション当日、井上先生の車で宝が池球技場に向かった。賢一の姿もそこにはあった。井上先生が途中で昼飯を買って行こうと、弁当屋の前に車を停められた。そして私に何か買ってこいとお金を渡された。

私が車を降りて弁当屋に向かうと、後ろから井上先生のいつもの大きな高い声がした。

「てう～　ちらしぃぃぃぃ」

井上先生のそれは、顧問としてのものではなく監督としてのものでもなく、一人の人間としてのそれだった。全身の緊張感がほどけた。

宝が池球技場に着く。いつも遠目に見ていた他校のすごい連中が、すぐ横にいる。ウォーミングアップも彼らと一緒にする。毎晩の悪循環のルーティンワークが嘘のように、気負いはなかった。

いよいよセレクション・マッチが始まる。グラウンドに立つと南側のスタンドに井上先生とその横に座る賢一の姿が見えた。

〈よし。思いっきりやったんねん〉と思った。ほど良い緊張感といい意味での自分の能力への諦めがミックスされた、最高の心理状態だった。

あの日、自分でも驚くほどタックルに入れた。恐怖を全く感じなかった。相手プレイヤーの動きもそれまでとは比べものにならないくらいはっきり見えた。狭くなりがちな視野も広かった。すべては、井上先生と賢一のおかげだった。

あの時の私の心理状態は、一歩も後に引けないところにあった。三宅と秀くんが選抜選手になるであろうことは中学生の私でもわかった。もう一人の同級生の将来性の高さも感じていた。このままでは、ビビ李なチキンの私だけが場違いなプレーで井上先生の顔に泥を塗ってしまう。本来なら選ばれるべきだった賢一を落胆させてしまう。

それだけは本当に嫌だった。だから自然に腹を括ることができた。覚悟して試合に臨むことができた。結果、充実感でいっぱいになった。

試合後、宝が池球技場のスタンドで初めて井上先生にタックルを褒めてもらえた。翌日、校内のミーティングで今度は全部員の前で褒めてもらえた。本当にうれしかった。

後日、セレクション・マッチの結果が届いた。私は落ちていた。にもかかわらず、気分はとても晴れやかだった。やることはやった、タックルへの恐怖感が拭えた、そんな高揚感にすら包まれていた。選抜の合宿へと向かう仲間たちに「おみやげ買ってきてな」とまで言えるようになっていた。入学したての頃、眉間にしわを寄せてとてつもなく小さな自尊感情を隠し、ポケットに手を突っ込んで廊下を歩いていた人間は、もうそこにはいなかった。

先生から受け取った肯定感

この年、一人の先生が伏見中学校に赴任してきた。30代後半の男性で、社会科を担当してくれることになった。

最初は、穏やかで笑顔の多い先生だな、くらいの印象だった。オラオラ感の裏側にある優しさを売りにする生徒指導系や、とにかくアプローチの多いお節介焼きといった、それまでに出会ったそれぞれのキャラクターの先生たちよりはいくぶん色が薄かった。だから、お調子者の私から関わりにいくような場面は全くなかった。

授業を受けているうちに、少しずつキャラクターが摑めてきた。この先生は、どこまでもマイノリティを尊重しマイノリティの立場から物事を見る、そんな人だった。

同和問題や部落差別について学んだ授業は、今でもよく覚えている。先生が京都市の地図に色ペンで丸をつけていく。戦後すぐの時代、「消防車が通ることのできないような細い路地が多かった地域」「不衛生にもかかわらず改善しようとされなかった地域」「不就学児童の多かった地域」……どれも厳しい生活実態があらわになる項目だった。それらがすべて同じ地域に幾重にも重なっていく。いわゆる〝同和地区〟である。

私は憤りを覚えた。在日コリアン、マイノリティの立場からこんな差別は許せなかった。これまで通算1万時間以上の授業を受けてきた計算になるが、情けないかな、ほとんどの授業内容は全く覚えていない。でも、この授業については自分の憤りとともに、鮮明に思い出せるのだ。

この授業を境に先生を見る目が変わった。理屈ではなく〈マイノリティの味方だ〉と毛穴で感じたのだろう。先生も少しずつ私に個人的な関わりをしてくれるようになった。「これまで自分が在日コリアンの生徒と深く関わってきたこと」「在日コリアンの保護者とも深く関わってきたこと」「反差別の姿勢を貫いていること」などなど、いつも数分しか話せなかったが、私がより前向きに生きる糧となるものばかりだった。

そうしていくうちに、先生の知り合いと私の知り合いには重なる方が多くいることがわかってきた。その中の一人が朴実《パクシル》さんだ。

朴実さんは〝東九条マダンの顔〟とも言っていい人だ。毎年11月に行われる東九条マダンは「多文化共生のまちづくり」がテーマのお祭りで20年以上の歴史をもつ。「マダン」は「広場」の意味で、日本人や在日コリアンといった国籍や民族に関わることなく毎年多くの参加者で賑わっている。そんな東九条マダンの顔である朴実さんは、私の両親の友人だった。私が物心ついたときからよく家に遊びに来られていた。

その朴実さんが文化祭の一幕で伏見中学校に来られることになった。朝鮮半島の民族文化を伝えるグループの一員として音楽や舞踊を披露してくれるらしい。もちろん紹介したのはこの先生だった。私は胸の高鳴りを押さえることができず、メンバーが控室として音楽室を使っていることを聞きつけ朴実さんに会いに行った。

私にはこうした取り組みを先生が企画してくれることがうれしかった。この企画自体が私の存在を肯定してくれているように感じたのだ。自意識過剰も甚だしいが、そうなのだ。

それは先生たちの思惑そのものだったのではないかと思う。先生たちからの、在日コリアンや朝鮮半島にルーツをもつ生徒へのポジティブなメッセージだったのだろう。また、マジョリティの生徒にも多様性を認めることの重要性を伝えたかったのだろう。

こうして、この先生のことが好きになっていった。授業も楽しみだったし定期テストの勉強を最もがんばったのも社会科だった。

最も心が揺さぶられたのは文化祭後の授業での一幕である。

私は、父親の影響もあってか音楽が好きで、選択科目は音楽を履修していた。その年、選択音楽では文化祭でバンド演奏を披露することになった。

私のソウルはメラメラ燃えた。ソウルに渡航したこともなければ何か楽器を演奏できたわけでもない。もちろん歌唱力など皆無だ。にもかかわらず、魂だけメラメラ燃えていた。

そして、あろうことかボーカルをすると宣言した。

もしも今、デロリアンに乗って１９９５年にタイムスリップできるのであれば、私を音楽室で捕まえてスマホか何かに録音した歌声を聴かせ、間違いを犯すなと諭してやりたい。そして30年近く経ってもネタにされていることを伝えてやりたい。

曲目は当時大人気だったMr. Childrenの「リプレイ」という曲に決まった。おバカさんな私は、文化祭当日まで意気込みまくって練習に励んだ。どうしてそんなに調子乗りなのか。どうしてそんなに目立ちたがりなのか……。

中年になってもチルドレンな私だが、現役チルドレン当時の私は、目立ちたい・モテたいという煩悩だけをモチベーションに、全校生徒の前で体育館をステージに下手な「リプレイ」を歌いきった。そしてえげつない充実感と達成感に包まれた。あの時間だけはお願いされてもリプレイしたくない。

そんな私の姿を絶賛してくれたのが、この先生だった。文化祭を終え数日経った社会科の授業中に、私のことをクラス全体の場で褒めてくれた。

要約すると「りーくん、りーくんとたくさんの生徒にあんな風に名前を呼ばれ、堂々としている李の姿に感動した」というようなことであった。時おり言葉が詰まっている様子もあった。「在日コリアンの子であんな姿を見せたのは李が初めてだ」というような言葉もあったと思う。先生の言葉や姿が心の底からうれしかった。

中学を卒業する際、先生に色紙に言葉を書いてもらった。そこには、

「君の存在は　多くの同胞に勇気を与えた」

と書いてあった。最大の賛辞だと感じた。


この先生だけではない。同学年の集まる階や、グラウンド、あらゆるところに自己肯定感を育む装置、仕掛け、いや土壌があった。

時に熱血、時に才女のオーラを醸し出す、学年で最も勢いのある女性の先生がいた。私は担任をしてもらえなかったが、学級集団を一つにまとめあげる手法や熱い想いは学年全体に伝わっていた。

2学期の途中頃だったように思う。先生から「李の想いを学級通信に載せたいねん。みんなに伝えたいねん。ええやろか？」と相談された。

その号は直前に学んだ「外国人教育」についての生徒の感想をまとめるもので、もちろん私は快諾した。マイノリティの境遇を理解してほしいとか、私の感じてきたこと、考えてきたこ

とを伝えたいとか、そんな大それたものではなく、いつもの調子で〈学級通信に載ったら　なんか目立つし　ええやろ〉くらいの気持ちだった。

15歳の私はこんな風に想いを綴っている。

僕は昔からいろんな在日の人に出会い話をしてきました。だから、在日の人たちの事も興味があるけど日本人は僕達の事（在日）をどう考えてるかをもっと知りたかった。（略）

父には、よく差別されたとゆう話をききます。でも、僕の母のように、日本人だけれども、在日の人達のことを、真剣に考え、にんしきしようとしている人もたくさんいることをしっています。（略）

僕は生まれて15年間あまり差別をうけたことがありません。友達の中でもほとんどの人が、在日の事、昔戦争で日本がしてきたことを、しっかり差別なく理解してくれています。

僕のまわりでは、在日かんこく、ちょうせん人なのに帰化した人や、かくしてる人がいます。その人は、その人で別になんとも思いません。

でも僕は、残りの人生何十年間、在日ちょうせん人だとゆう事を、かくすつもりはないし、「かくせ」とゆわれても、絶対にかくしはしません。

そして、大きくなったら、差別をなくすことのできるような仕事につきたいと思います。

そして、もっともっといろんな意味で強く生きていかなければ、だめだな〜と最近思った。（略）

先生の話を本当は、もっともっと全学年まで聞いてほしいなあ〜と思う。数学よりも国語よりも、本当に大事で意味があるのは、こうゆう話だ。

あの時、自分の内側で葛藤し外側では強がって調子に乗っていた私。自分で言うのも何だが、内容の良し悪しは別として素直に想いを表明できている。当時、私が自己開示したことが、たった一人でもいいから誰かに何か影響を与えられていたらなと思う。

教科書から学ぶこともちろん大切だが、「感性を刺激する」という側面から見れば身近な存在、身近な肉塊からの直接的なアプローチのもつ教育的効果は大きいだろう。

進路

中学校生活最後の大会、秋季大会に向けてチームの雰囲気は俄然良くなっていった。井上先生は生徒が主体的に取り組める環境づくりに徹してくださった。私自身のモチベーションも非常に高かった。7月末に行った洛南中学校との練習試合では50点近く差をあけられて負け、私はその試合で右手親指を骨折してしまったが、ネガティブになることもなくできる限りの練習も続けた。純粋にラグビーがしたい一心だった。

秋季大会の予選で洛南中学校と対戦した。前回の敗戦からキャプテンの三宅を中心に話し合い、自分たちで考えうる対策を夏休みの間、反復し続けた。結果はロスタイムまで17対17の同点。ラストワンプレー、相手のカウンター攻撃からトライを奪われた。敗れはしたものの、自分たちで考えたことを自分たちで遂行し、1ヵ月前に大敗した相手に肉薄できたことは、チームにも私にも自信となった。

引退試合となったベスト16での試合後、グラウンドの片隅で井上先生が一人ずつに温かい言葉をかけて労ってくれた。我々生徒自身が自らよく考えよくがんばったと褒めてくれた。

こうして、ものすごく高いモチベーションと充実感のなかで中学校の部活動生活を終えることができた。だから引退してからも毎日、グラウンドで後輩たちと一緒に汗を流した。無意識だったが、この頃から人に何かを教えたり伝えたりすることに興味があったように思う。

そうこうしているうちに、高校進学の進路を決める日が近づいてきた。私はとても迷った。三宅は伏見工業高校に進学することを明言していたし、秀くんは啓光学園に決めている様子だった。

私は、強豪校で通用する力がないのを自覚していた。だから高校でもラグビーをするかどうかでまず迷った。さらに、文化祭での「リプレイ」に味をしめた私は、あの味を高校でもリプレイしたく、公立高校に進学し軽音楽部にでも入って女子とイチャイチャラブラブしたいと、ところてんよりも軽い心で浮き足立っていた。実際にギター教室に通い出してもいた。「煩悩がギターケースをかついで坂道を必死に自転車こいでるの図」である。

そんな私に井上先生は伏見工業高校への進学を勧めてくれた。「てうは、より高みを目指す環境に身を置いた方がいい」「日本一を目指す環境に身を置け」と言ってくださった。重要な示唆を与えてくれる恩師を前に、私は自己研鑽と煩悩の狭間で揺れに揺れていた。

そんな時、人権学活の時間に井上先生が私についてクラス全体に語りかけたことがあった。先にもふれた「外国人教育」がテーマの授業だった。どこかの在日コリアンの中学生が実際に書いた手記か何かが教材で、本名と通名の狭間で悩んでいるといった内容だった。

当時の私は、大上段に構えて〈こいつは通名で生きることで、逆にプレッシャーを感じる結果になっとんな。さらけ出した方が楽やのに〉などと偉そうに考えていた。〈同じ在日やけど、生き方とか捉え方は様々やからなあ〉などと、とにかく在日コリアンという括りで十把一絡げにこの教材の主人公を見つめるのはやめようという心理が働いていた。

中学1年生の頃の私なら、強がってはいても内心ビクビクして〈はよ　終われや〉と心の中で念じていたに違いない。なのに、こんなに別人のように余裕が生まれたのはどうしてなのだろう。

私が思うに、最大の環境要因である身近にいる先生が、私の自尊感情を高めることに注力してくれたことが大きな要因の一つではないだろうか。そして、先生の意識下まで差別の不当性が沁《し》みわたり、それがヒドゥン・カリキュラム（潜在的教育効果）として私の毛穴に突き刺さったことも大きな要因だろう。

井上先生が語り出したのは、授業も終盤に差しかかった頃だった。

「このクラスには李がいる。これからみんなが歩む人生、たくさん苦労があると思うが、李の場合は特にみんな以上に前途多難や。それは、在日韓国人としてこの日本社会で生きてるからや」

私は驚いた。これまで井上先生と私という個と個の関わりのなかではそういった民族性に関わる話はしたことはあったが、学級やラグビー部という組織の中で先生がそんな話をされたことはなかったからだ。

私を一本釣りすることによって生まれる妬みやひがみへの配慮だったのだと思う。しかしその日は、はっきりと私について語られた。これがうれしくないわけがない。

授業後に廊下で井上先生はこうおっしゃった。

「てう、いきなり何にも言わんと、てうの話をみんなの前でしてすまんなぁ」

謝られるなんてとんでもないと思ったので「全然大丈夫です」とだけ答えたのだが、もう少し何かつけ足されるのかと思ったら井上先生はその場をすっと立ち去られた。

井上先生にはこういう魅力がある。もう一言くらい重ねて何か言ってもらえるのかと思ったら、それ以上はない。技術的な指導も教え込む一歩手前くらいでやめてしまう。「全部は言わんよ。あとは自分で考えなはれ」といったところだろう。あるラグビー部顧問の先生が井上先生のことを「仙人のような人や」と言っていた。言い得て妙だと思った。

その日から何度も何度も井上先生の言葉が頭の中でリフレインした。なぜ、このタイミングでみんなの前で私の話をされたのだろう。いろいろ考えたが、井上先生の愛情や期待の表れ以外の何物でもないと結論づけた。

それと同時に、井上先生の言う通り伏見工業高校に進学することに決めた。自分の進路については誰にも相談せずに自分の信じる道を歩もうと決めていた。目の前に信じる道が一本きれいに見えたような気がした。

ラグビーをしようとか、日本一になろうとか、そういったことよりも前に、信じてくれたこの人に喜んでもらえるような進路選択をしようという思いの方がはるかに大きかった。あの日、ラグビー部に入部したときと同じだった。

「先生の母校に進学します」

と告げると、井上先生は満面の笑みだけで答えてくれた。

自分の進路（高校）選択を振り返るとき、とても特異なケースだと思わざるを得ない。あまりにも担任（顧問）からの影響を大きく受けているからだ。

とはいえ、もしも中学1年生の頃から先生の期待も影響も受けずに学校生活を送っていたら、とんでもない3年生になっていたと思う。不良とかそんなかっこいいものではなく、内心がドロドロして目つきの悪い、環境汚染とも言えるぐらい負のオーラを周囲に与えるような人間になっていたはずだ。

そういった意味で、私を3年間かけて井上先生が一つの道に導いてくださったのは本当に良かった。まさに〝進路指導〟だ。

伏見工業高校への進学を決めた私は、それまでの人生でしたことがないくらい勉強をした。不思議と苦痛に感じなかった。恩師とラグビーの引力は凄まじい。受験勉強すらトレーニングの一環に変えてくれる。ギター教室も辞めた。恩師とラグビーの舵取りは素晴らしい。煩悩すら消し去ってくれる。

ハードトレーニングと正確な羅針盤のおかげで、伏見工業高校入学の合格通知を手にすることができた。高校ラグビーに没頭しようと腹を括る自分がいた。

当時の私は間違いなく、充実感に満ち溢れていた。ラグビープレイヤーとして成功したわけではなく達成感はなかったが、達成感よりも充実感の方がその後の進路でスタミナ源になると思う。最高の状態で卒業を迎えることができたのだ。

後から聞いたことだが、卒業式後の最後のホームルームで自分が在日コリアンであることをカミングアウトした同級生がいたそうだ。その同級生にとって、本名で生きる私の存在が大きかったのではないかと推測した人もいた。それは誰にも、当人にもわからないかもしれないが、もしも、私が何らかの影響を与えることができていたのなら、こんなにうれしいことはないと思う。与えてもらってばかりの中学校3年間だったからだ。

先生たちが卒業式にくれたたくさんの激励。色紙への言葉。

井上先生は、通知表に、

「君の中学校での毎日を私は忘れないだろう。伏見工でがんばれ！　悩むときは私の出番」

というメッセージを添えてくれた。それらの言葉は今でも私の人生を生きる支えの一つだ。入学から卒業まで、一貫して先生たちがくれた温かいまなざし。

それは「君は在日の星になれる」――。

第3章　中学校教師になりたい

伏見工業高校ラグビー部

高校に進学した当時の私の心情は、「伏見工業高校ラグビー部に入部するために伏見工業高校に進学した」というのが正しいだろう。ラグビーに青春を費やそうと決意していた。春休みから練習に参加していたので、入学式は形式だけのものに感じた。よほどラグビー部での自己紹介の方が緊張感があった。

同級生たちの多くは、中学生の頃に羨望のまなざしの先にいた京都選抜で活躍した連中だった。この中でやっていけるか不安もあったが、話をしてみるとみんな恋愛や勉強に悩む、どこにでもいる普通の高校1年生だった。

グラウンドで一つのボールを追いかけ部室で同じ時間を共にすると、みんなすぐに打ち解けた。日本一という明確な目標と四六時中そばにいる距離感は強烈な連帯意識を生む。仲間との空間と時間がすぐに好きになった。

伏見工業高校ラグビー部の沿革については詳細に記す必要もないだろう。テレビドラマ『スクール☆ウォーズ』のモデルにもなったラグビー部である。全国制覇5回（春の全国選抜大会1回を含む）、準優勝2回の高校ラグビー界屈指の名門校だ。ここまで名門に育てあげ、知名度を全国的なものにしたのが山口良治先生だった。

春休みに初めて「入部おめでとう」と握手されたときの山口先生のオーラには凄まじいものがあった。先生というよりもはや歴史上の人物の方が近かった。関係するすべての人に一目以上置かれているのが伝わってきた。最初は集合して話を聞くたびにドキドキした。

『スクール☆ウォーズ』の有名な1シーンにもあるように、時に山口先生には厳しい面もあった。当時はそうでなければ、荒れた学校を立て直すなんて無理だったのだろう。私が入学した頃でも、京都の公立高校の中では生徒指導面で大変な高校の一つだったと思う。入学当初は小競り合いも多かったし、少数ではあったが暴走族に所属している奴もいた。

そんな奴らも教室ではいい奴だった。ただ退学と留年率が高く、仲良くなったと思ったらある日突然来なくなるケースも結構あった。高校生ながら〈高校くらいは出ておけよ……〉と悲しくなった。山口先生が赴任された1974年当時の学校の荒れ方は、私たちの時代とは比べものにならないほどのもので、山口先生の苦労は想像に難くない。だから、時に厳しさも必要だったのだろう。

ラグビーの指導場面でも、もちろんこうした厳しさを感じることは多々あった。ハードワーク、ハードレッスンが原則だったし1年間は毎日ヘトヘトで帰宅した。ただ、山口先生の指導法は決してそれだけではなかった。中学生の頃から伏見工業高校の練習が厳しいことは噂に聞いていたが、入部して何ヵ月か経つと指導が理にかなっていることをすぐに肌で感じることができた。

まず、7時から早朝練習があったが、これはあくまで自主的なもので、何時に来てもいいし来なくてもいい。8時15分からの全体ミーティングに参加することだけが規則だった。朝練は筋トレや各ポジションの特性に合わせた練習を、各自が個人的に取り組む仕組みになっていた。朝練では内的モチベーションを高めることが山口先生のねらいだったのだと思う。

午後からの全体練習は対照的なものだった。シーズンにもよったが、先述したように基本はハードワーク、ハードレッスンだった。ただ、練習メニューのコントラストがはっきりしていて、最初の1時間に集中してハードワークを行えば、残りはある程度考えながら余裕をもって練習に取り組むことができた。

さらにここからが特筆すべきことだが、高校スポーツ界でありがちな長時間練習の習慣（文化といってもいいだろう）が原則なかった。それは、伏見工業高校には定時制があったからである。いくら遅くとも17時30分には練習を終わらせなければいけない。

授業後、練習が始まるのが15時40分頃だったから2時間弱である。ウォーミングアップを除くと1時間半程度しかない。よくこんな環境で日本一を志し、実際に実現してきたなと思う。環境や境遇を嘆くこともめげることもせず、それを逆手にとり短時間集中して練習に取り組む文化が醸成された。

練習内容や時間だけではない。「観ている人に感動を与えるラグビー」という部のコンセプトもすごく魅力的だった。そこから導き出された戦略は、ボールを速く大きく動かす展開ラグビー・ランニングラグビーで、観ている人にとっては感動も面白みもあっただろうし何よりやっている我々も面白く楽しかった。また、戦術として「ガツガツ体を当てにいかない」ことも理にかなっていたし、魅力的な要素でもあった。

本来、ラグビーはコンタクトを避けることのできないスポーツである。しかし、事あるごとにこう指導された。

「ガツガツ当たるだけのラグビーはしないでおこう。そんなことをしたら、体の小さい子や細い子はどうなる？　観ていてラグビーが嫌になるだろう。だからできるだけ相手をかわしてパスをつなごう。パスの回数を増やそう。速いパスでフィールドいっぱいにボールを運ぼう。子どもたちが観てワクワクするようなラグビーをしよう」

現在では、このようなコンセプトの方が主流だ。身長168㎝の私はこの言葉に何度も勇気づけられた。さらに、こうもおっしゃっていた。

「強いとか大きいとか、それは日本国内での話だよ。世界を相手にしようと思えば、必然的に体を当てることをできる限り避けないと勝てない。世界を視野に入れてほしい」

この山口先生のラグビー観、コンセプトは、現在でも京都工学院高校ラグビー部に受け継がれている文化資産の一つだ。

高校に入学して2、3ヵ月は、例の面倒くさい年中行事に追われた。ラグビー部でも教室でもなぜ〝李大佑〟なのかを説明しないといけない。中1の頃とは比べものにならないほど余裕もあったが、ラグビー部の先輩に毎日のように聞かれる。

先輩「なんで李っていうん？　韓国人なん？」

私　「父が在日韓国人で母は日本人の、在日韓国人3世です」

先輩「韓国語しゃべれるん？　しゃべってみて」

私　「父も僕も日本生まれ日本育ちなので、韓国語は一切話せないんです」

先輩「ほな、日本人やん。韓国人ちゃうやん。なんで日本人にならへんの？」

私　「りてう、という韓国名で生きてきたので……」

先輩「ようわからんけど、とにかくがんばれよ」

私　「はい！　ありがとうございます!!（何をがんばったらええねん）」

このように「ようわからん」で終わるのが大半だったが「中学の時もわりといたよ」と言ってくれる先輩や同級生も少なからずいた。

中学生時代に地域の抱える歴史や現状を「自分ごと」として捉えられるよう、そこで勤務されている先生方の指導が生きていたのではないだろうか。当時の私は〈人によって反応は様々やなぁ……〉くらいにしか思えなかったが、地域性が人に与える影響はこうも大きい。身近に多様性を抱える文化的背景があることはとても良いことだ。

それなりに面倒くさい作業はあったものの「それどころではなかった」感が強い。ラグビー部の仲間との日々は〝リアル毎日がスペシャル〟だったからだ。

授業中に寝るのは百歩譲って仕方ないとしても、寝ると必ず金縛りに遭い、目だけ開けてプルプルしだし、最後は大きな声で縛りを解いて教室全体をびっくりさせる奴がいたり、練習中にお腹が痛くなったがそれを訴える勇気がなく走りながら脱糞する奴がいたり（その方がよほど勇気がいる）、授業中に突然いなくなり私が先生に指示されトイレに捜索に行くと、鏡の前で一人パンイチ（パンツ一枚）で己の筋肉の隆起にマジマジと見とれている奴がいたり、エイジ別の日本代表候補合宿に招集されるも自宅の冷蔵庫を持ち上げた際に親指を脱臼するという、ギャグ漫画でも起こらないような事件に見舞われ泣く泣く合宿を辞退する奴がいたり、とことんなエピソードは枚挙にいとまがない。

毎日が濃すぎて自分が在日コリアンだとか差別がどうとかそんなことを考える暇すらなかった。社会人になり、多忙な日常のせいで人権問題や社会問題を考える余裕もないというのでは困るが、そこは青春真っただ中の高校生、こういう時間も必要なのだろう。

夏合宿

菅平合宿は、毎年8月10日から20日まで行われるラグビー部の一大イベントだ。これは伏見工業高校に限ったことではなく、長野県の菅平高原はラグビー合宿のメッカである。初めての菅平合宿に私はワクワクした。きれいな芝生の上で、強豪校と試合ができる。胸の高まりは必然だった。

高速道路の長旅の後、バスで坂道を登り一面に芝生が広がる光景を目にした瞬間、〝男臭〟の充満したバスの車内で、窓から見るその景色に私は感動した。ホテルに荷物を移し、練習のためにグラウンドへ向かう道すがら、木々の匂い、自然の匂いに私は包まれた。

〈わたしは　あこがれの　すがだいらに　きている……〉

感動も男臭もMAXだった。

集合の後、練習が始まる。美しい芝生の上で全国の強豪校と試合をし、その日の反省やすべらない話を語り合いながらホテルに帰還する。全身、芝生と汗にまみれながら、青春ってやつを憎たらしいほど嚙みしめてシャワーを浴びる——私の描いた計画ではそうだった。

しかし、そのプランニングは儚《はかな》く散った。初日からスーパーハードレッスンである。試合どころかコンタクト練習すらしない。芝生の上を走って、走って、走って、走るだけだ。

翌日、目覚ましは筋肉痛だった。同部屋のみんながそうだった。一室6～7人で雑魚寝しているわけだが、誰ひとり言葉を口にしなかった。たぶん、昼すらも筋肉痛だった。午前の練習は7時開始だ。宿舎を出、木々の中を歩いてグラウンドに向かう。この間、誰も言葉を発する余裕すらなかった。鳥のさえずりが優しかった。

ここまでは、体育会系の合宿によくある話だ。いわゆる〝地獄の合宿〟である。ここで特筆すべきは午前の練習内容である。高校ラグビーの合宿では一般的に午前・午後ともに練習試合をし、試合経験を積む。しかし、山口先生は当時からこれに否定的だった。

タイトな試合を多くすると、どうしても怪我が増える。だから、午前の練習の4分の1はストレッチに割かれていた。特に首と股関節を重点的にストレッチした。安全性を高めることと疲労を抜くためである。ラン中心の体を鍛えるメニューを短時間集中で行った後は、FW《フォワード》とBK《バックス》に分かれてサインプレーの確認中心の軽いメニューをこなす。午後からの練習試合に集中させる意図があったのだと思う。

その通り、午後からの試合には高いモチベーションで臨むことができた。午後は原則60分間一本勝負の試合があるだけだったので、身体は疲れていても心理的には前向きだった。

夏合宿には息抜きの場も用意されていた。中日と最後の夜には焼肉パーティーが催される。狭い部屋にひしめき合って同級生と過ごす夜の時間も、束の間の憩いの場だった。FWの連中は首の後ろの皮がむけて瘡蓋《かさぶた》と瘡蓋汁まみれで寝るから、翌朝枕が首にくっつく。ポジションに関係なくみんな足が臭い。そんなしょうもないことを言い合っては床に就く。

合宿最後の日は、午前のみの練習である。部の恒例行事「サヨナラランパス」の時間だ。合計40本ほど、ランニングしながらパスをつなぐ。基礎練習の代名詞のような存在だが、疲労は最高潮だから誰もトップスピードでは走れない。まさに満身創痍《そうい》の状況だ。これは身体を鍛えるというよりも心を鍛える、いや〝思い出作り〟の一環である。

山口先生は現在でも「教育とは思い出作り」とよく口にされる。ランパスの合間に先生のところに集合すると、〝熱く篤く温かい〟檄《げき》が飛ぶ。本数を重ねるごとに3年生たちを中心に泣く人間が増えていく。最後は各々が合宿を振り返って泣きながらランパスする。青春漫画かドラマのようなシーンだ。

「今後の人生で苦しい時　夏合宿で泣きながら走った自分が　自分の背中を支えてくれる」

そんなたくさんのことを学んだ夏合宿――。最高の思い出の一つである。

その年度、伏見工業高校ラグビー部は全国大会出場を決めた。憧れの全国大会。強いチームだったのでどんな戦績が残るのか楽しみだった。

1月3日、準々決勝の対戦相手は大阪工業大学高校だった。1980年度に伏見工業高校ラグビー部が初優勝した際の決勝戦の相手校である。いわば伝説として語り継がれている対戦であり、全国大会で激突するのはそれ以来であったことから花園ラグビー場は観客で溢れていた。互いにアタック重視の戦術は観客を大いに沸かせた。敗れはしたものの、1年間チームが積み上げてきたものを全国の舞台で発揮することができた。

この年の全国大会準優勝は、秀くんが進学した啓光学園高校だった。全国大会を終え数日しか経っていない週末、その啓光学園との練習試合が組まれていた。新チームの行く末を占う大事な試合である。

私は一本目（いわゆるスタメン）に入れるわけもなく1年生試合での出番を待つことになった。ウォーミングアップが始まる。向こうサイドには秀くんの姿も見える。同じ伏見工業に進学した三宅は不動のフルバックとして一本目での出場が決まっている。聞けば秀くんはすでに二本目（いわゆる準スタメン）入りしているとのこと。否が応でもウォーミングアップに力が入る。

……入りすぎた。アップの際、同級生の鎖骨と私の鎖骨がぶつかり私の鎖骨は惨敗した。当たった瞬間ひびが入ったことがわかった。しかし、そんなことで試合に出ないわけにはいかない。何としてでも出たい。

試合が始まる。三宅も秀くんもハイレベルな中で活躍している。私はと言えば、必死に鎖骨の痛みをこらえつつ出番を待ったが、1年生試合すら出ることが叶わなかった。あまりにも哀れすぎて、クールダウン後に秀くんたちと関わらないようにした。友達の成長ぶりと自分の不甲斐なさ&鎖骨の痛みにより、胸の痛みは半端じゃなかった。

高校生活2度目の春を迎え、私は右鎖骨のひびを抱え、練習を続けていた。部員みんながそれぞれに怪我や痛みを抱えながら練習に参加していた。私だけ鎖骨のひびごときで休むわけにはいかない。

5月、体育の授業でバスケットボールをしている最中に鎖骨が折れるまで、毎日痛みと格闘していた。桜の花びらですら右鎖骨にとっては高重量だった。鎖骨が折れると気分的にも楽になった。もともとウェイトトレーニングは好きだったので、下半身を重点的に鍛えることができた。

夏の合宿までには復帰することができ、高校生活2度目の菅平合宿では、自分なりに見通しをもって練習に取り組むことができた。午後からの試合で、ライン参加や突破に主体的に取り組むと先生も褒めてくれた。

合宿7日目の試合でのことだ。相手ナンバー8が突破してきた際に膝元へタックルに入った瞬間、味方FWが私の上に覆いかぶさるように倒れ込んできた。角度が悪く私の右膝内側に100kg以上の重みが加わった。変な音とともに突如、右膝に力が入らなくなった。それでも立ち上がり何とか試合終了まで持ちこたえたが、私が思うように動けない分、仲間がカバーしてくれた。試合内容は良くなかった。

試合後、先生に厳しく叱られた。痛みがあるのなら申し出ること、何よりも仲間に負担をかけ過ぎたこと。右膝の痛みと叱咤激励で涙が止まらなかった。

その夜、部屋で膝のアイシングをしているとマネージャーが呼びに来た。山口先生からの呼び出しだった。昼の試合の出来では夜に再度叱られることも納得できたので、心して先生の部屋をノックした。入ってみると和室に先輩方が4名ほど、座って先生を待っていた。山口先生が遅れて入って来られると、笑顔で話し始めた。

「今日もご苦労さん。このそうめんは先生の知り合いから送られてきたもので、そんなにたくさんはないからここにいるみんなだけで食べよう。そして、明日からもがんばろう」

叱られると思っていた私は拍子抜けした。とはいえ先生の前では気は抜けないので、気を張りつつそうめんをツルツルしていると、その場にいた唯一の2年生である私に先生がこう語りかけた。

「キャプテンの腰を見てごらん。すごく腫れているだろう。こんな怪我を抱えながらも痛みと上手く付き合いながら、必死に毎晩ケアして次の日に備えている。先輩たちは苦労してレギュラーを張っているんだよ」

キャプテンは後に19歳以下日本代表に選ばれるなど、素晴らしい選手だった。私と同じような小柄な体格ながら、いつでも先頭に立って身体を張りチームを牽引されていた。まさかこんな腰の状態だとは夢にも思わなかった。痛みと闘いながらも周囲への気遣いを怠らず、ひたむきに練習されていたことをこの時に初めて知った。

秋になりラグビーシーズンに入ると、チームの調子はどんどん良くなった。3年連続の全国大会出場を決めた。私は25名のメンバーに入ることができなかったものの、体重も78kgまで増え上り調子だった。毎朝のウェイトトレーニングの成果を試合で活かすことができ、それがとても楽しかった。

12月、全国大会前でチームが緊張感に包まれている時期に、京都会館で行われる集会へのボランティア参加の依頼が来た。筋ジストロフィーに苦しむ方を支援するためのもので、山口先生から誰か数名参加してほしいと募集がかかった。私は参加を願い出た。

当日、参加してみると主催者側として私の従兄《いとこ》が来ていた。この従兄は事業を成功させており親族の中で数少ない生き方モデルの一人だった。このとき従兄の活動する姿を間近で見たことは、社会活動やボランティアを将来できればと思うきっかけになった。

年末年始の全国大会は伏見工業高校ラグビー部が躍動した。準々決勝で九州ナンバー1の呼び声が高かった佐賀工業高校を接戦で下すと、準決勝では優勝候補筆頭の啓光学園と対戦した。前半はリードされる厳しい試合内容だったが、接戦をものにし決勝へと駒を進めた。

決勝の相手は東京の名門、國學院久我山高校。敗れはしたが『ラグビーマガジン』の「この年、最も素晴らしい試合」で断トツの得票数を得るなど、多くのマスメディアで話題をさらうほどの見事な試合内容だった。準優勝できるほどのチームに所属できたことで自尊感情がものすごく高まった。チームにとっても自分自身にとっても充実したシーズンだった。

見つけた夢と目の前の挫折

3月、高校生になっても仲良くしていたタカから連絡がきた。伏見中学校の2学年下の卒業イベントか何かが地域の大ホールであるから見に行こうというものだった。たまたま時間の都合がついたので、軽い気持ちで見に行った。

舞台上では卒業を間近に控えた中学生が、歌を歌ったりスピーチをしたりしていた。ほとんどの子が泣いていた。とてもいい光景だと思った。先生一人一人のスピーチが始まる。どの先生も直球勝負だった。泣きながらスピーチする先生もいた。ステージ上で泣きながら抱き合い肩を叩き合っている先生もいた。

私はホールの最上階で平常心を装いながら、心の中では感動の嵐が吹き荒れていた。先生たちのスピーチに釘づけになっていると自然に、涙と感動の鼻水で洪水警報が鳴り響いた。スピーチが終わると心に決めた。

〈ぼくは　絶対に　中学校の先生になろう〉

隣でタカも感動している様子だった。タカに話しかけた。タカに最初に伝えたかった。

「タカ、俺決めたわ。俺、将来、中学校の先生になるわ」

「おー熱い。りーくん熱いぞ。がんばれ。がんばってなれ」

字面だと何か冷めた感じにも受け取れるが、タカの言葉も表情もめちゃくちゃ温かかった。言葉の端々から「お前の置かれた境遇わかって言ってるんやろ。負けんな。がんばれ」といった思いが伝わってきた。心強かった。

この日、偶然にタカからの誘いで出かけたことが、私の人生を大きく左右することになった。ただ、それまでにも多くの先生方に惚れ込み、かっこいいと感じていた私は遅かれ早かれ教職の道を志していたのだと思う。

大ホールでの感動は今でもリアルに胸の奥に残っている。思い出せばいつでも感動の暴風警報と鼻水洪水警報が鳴り響く。間違いなくこの日は〝人生を変える日〟になった。

3年生になり、ラグビー部は大きく体制を変えた。山口先生が高校現場を離れ京都市のスポーツ政策監になり、伏見工業高校ラグビー部では総監督に就かれることになった。

新チームは最初の滑り出しこそ良くなかったが、新1年生には有望な部員が多くいてチーム力は一気に増した。2年後、この2歳下の学年が伏見工業高校3度目の全国制覇を成し遂げることになる。

私は2月の新人戦（公式戦）ではリザーブだったのだが、春の練習試合では何とかレギュラーとして出してもらっていた。身長は変わらずだったが、80kg弱の体重でスピードもフィットネスも落ちなかったので、自分としては満足していた面もあった。入学以来、自分が三流プレイヤーだということは自覚していたし、だからといって卑下することもなく、練習試合だけでもレギュラーとして仲間と試合に出られることに純粋に喜びを感じていた。

そんな時、突如不運に見舞われる。練習試合中に左アキレス腱を断裂したのだ。

その瞬間は何が起こったのかわからなかった。死角から足首にタックルされたのかと思った。断裂した瞬間に足首に加わった重みが忘れられない。残りの20分間くらいを騙し騙しプレーしたが、全く足に力が入らず仲間に迷惑をかけた。

試合後、先生に足を見てもらうと、左アキレス腱の部分が窪んでいることがはっきりと確認できた。その瞬間はそんなに落ち込まなかった。リハビリ中は上半身を中心に鍛えよう、2ヵ月もあれば復帰できるだろうと楽観的に考えていた。しかし翌日、整形外科の医師に詳しく診てもらった結果、手術が必要だと告げられた。

ここで私の心にやっとこさ暗雲が立ち込める。〈アキレス腱などギプスを巻いて固定すれば治るのではないのか？〉と思っていたが、ようやく事の重大さに気がついた。病室のベッドの上で初めて不安に駆られた。

三宅も秀くんもレギュラーとして活躍している。私だけ何をしているのか。あまりにもみっともない……。そんなことばかり考えベッドの上で寂しさに満たされたのだが、一方でアキレス腱を断裂した理由はわからなくもなかった。

当時から私は筋力トレーニングが好きで、特にルーティンワークを自分に課すことが好きだった。私は『ドラゴンボール』の主要人物であるベジータの肉体、中でもベジータのふくらはぎ（ヒラメ筋）に強い憧れを抱き、高校に入学して以降、毎朝カーフレイズ（ヒラメ筋の筋トレ種目）に勤《いそ》しんでいた。どんどん隆起を増していくヒラメ筋、ベジータナイズされていくヒラメ筋を見ることが、私の楽しみの一つでもあった。

自分を追い込めば追い込むほどベジータに近づく。ベジータリアンな私は際限なく追い込むようになった。よくよく考えれば、負傷する直前の2週間ほどは左アキレス腱が痛かったのだ。それでも痛みの中カーフレイズをしていた。その結果が断裂だった。

手術を終えると、医師から残念を通り越して無念な言葉が診察室で告げられた。

「数ヵ所の断裂と複数の裂傷が見られました。8月末に走り出すとして、ラグビーはコンタクトスポーツだから本格復帰は10月末でしょうね」

……。10月末。10月末は全国大会京都府予選の準々決勝あたりである。お医者さんは何を言っているのか。

病室にて落ち着いて考える。大学への進路はどうなるのか。中学校の体育教師を志していた私だが、推薦や大学側からの声かけをもらえるようなプレイヤーではないことは自覚していたので、セレクションを受けての入学になるであろうと予測していた。

10月末に復帰して、そこからフィットネスを元に戻して……11月末頃にセレクション？　そんな遅い時期にあるわけがない。春頃から大学進学の話は進んでいく。実際に2週間の入院生活で半分以上の同級生の進路決定を聞くことになった。

さすがの私もあっという間に悲観的になった。もともとチキンで気の小さい私は、ラグビーを通じて身体を鍛えることで何とか自分を保っていたのかもしれない。心のダムが一気に崩壊したような状態だった。

6月に入ると同級生のほとんどが進路を決めていった。未定は私一人だけだったと思う。心の荒《すさ》みようは半端じゃなかった。学校では目の前にがんばっているチームメイトがいて、地元では同じくらいがんばっている秀くんがいる。どこにも居場所がないように感じた。

本当はどこにでもあったのに。みんながつくってくれていたのに。

モヤモヤしたまま高校生活最後の菅平合宿に向かった。2年前、あれほどドキドキした気持ちで向かったのに、最後の菅平は最悪だった。わざわざ長野県まで行ってリハビリとウェイトトレーニングをするのか。どこまでもネガティブだった。

チームの調子は尻上がりだった。同級生たちのモチベーションも尻上がりに高まっていく。そんな中、嫌な空気をただ一人出していたのが私だった。環境破壊である。私の存在がチームを包むオゾン層を破壊していたように思う。

そんな夏合宿の夕方、朝は個人メニューに取り組み、昼からの試合も出られずにウェイトトレーニングをしていた何の疲労感もない私に、山口先生が声をかけてくれた。

「李、一緒にお風呂に入ろう」

山口先生はそうおっしゃった。そんなことは初めてだったので驚いた。なぜ一緒にお風呂なのか、高校生の私にはわからなかった。叱られるような雰囲気はなかったので、それがさらに困惑させた。

合宿所の大浴場で湯船に浸《つ》かると先生が話し始めた。

「これまで本当によくがんばった。小さな身体で本当によくがんばったと思う。アキレス腱の怪我は不運だった。進路がまだ決まってないだろう。だから、李のためにある大学に話をした。関東の大学だけど、レギュラーでなくても推薦でとってくれる。これまでがんばったことへの先生の思いだから」

先生はこうやってシチュエーションをよくよく考えて話をされる。

部屋に呼びつけたり、グラウンドで目の前で仲間が躍動しているところで話をしたりしても、環境破壊をするほど荒んでいる私の心のコップは下を向いたままだということを理解されていたのだろう。だから、リラックスできるお風呂に浸かりながら横並びになって私を労ってくれたのだ。そうして心のコップに優しさや思いやりが注ぎ込まれる状態をつくってくれたのだ。なのに思春期ってやつは時に本当に難解で、先生の優しさに対して私は素直に反応できなかった。

「先生、僕は関東には行きたくないです。実家から通いたいです」

そう言ってしまった。

数ヵ月前まで大阪体育大学や中京大学で体育教師の教育免許がとれる課程に入学しようと思っていたのにもかかわらず。実家を離れることなど想定していたし、奨学金を借りて大学進学することも予想の範囲内だった。

そんな子どもでわがままで勝手な私に、先生は、

「わかった。もしも、関東の大学でもいいと思うようになったらいつでも言ってくれたらいいから」

と言ってくれた。一人残された湯船の中で何とも言えない気持ちになった。

高校生活最後の菅平。先生の好意を突っぱねたことがずっと胸の中に残っていた。この先、何を目標にしてがんばればいいのかわからない自分がいた。

そんな心境の中でも当然チームづくりは進んでいく。チーム力が日を増すごとに上がり、チームメイトの表情も日ごとに充実していく。それに反比例するかのように私のモチベーションは下がり、心の中には不満が充満していった。上手くいかない現実にどう抗えばいいのかわ

からなかった。

そんな中、毎晩日記を書かなければならなかった。合宿中、一人一人に日記を書くことが課されていた。しんどい気持ちの中、毎日単調な合宿生活を振り返り、無理やり感想文にしていた。合宿も後半に差しかかったその日の夜は、ノートとにらめっこせずにすらすら感想文を書けた。朝から山口先生の知り合いで障害のある方が応援に来られていた。だから、その方のことを感想文に書いた。

「身体が不自由な方が応援に来られた。様々な立場の方が社会にはいる。自分のすべきことは目の前のことを一生懸命にやりきることだ。それが、様々な立場性を認めることの第一歩だと思う」というようなことを、もっと拙い文章で書いた記憶がある。

次の朝、きれいな天然芝のグラウンドで先生は部員全員に厳しく指導された。

「みんな、昨日の感想文は何や。○○さん（障害のある方）について書いたのは、これだけ部員がいる中で李ただ一人やで。みんなの感性はどうなってる！」

今でも先生の声が耳の奥底で鳴り響いているかのようだ。それくらいに私にとってはうれしい言葉だった。先生はみんなを叱りながら私を褒めてくれた。

怪我をして不安定な心理状態の私の心のコップを何とか上に向けようと、先生は私のために苦心しながら言葉を選び、状況を選び、励ましてくれたのだ。

このことについてはそれ以上、個人的に話をされることはなかった。それは私の甘えにつながると考えられてのことだろう。こういった山口先生の距離感は絶妙だと思う。

怪我の回復は順調で、シーズンが開幕する9月1日に走り出すことができた。チーム内の競争からも順調に取り残されていった。

正しくは、自分勝手にレギュラー争いから脱落しただけだ。シーズンが深まるごとにチームがまとまっていくなか、自分だけで一から下半身をつくり直し、タックルを含めたコンタクトプレーへの恐怖心を取り除いていく過程に耐えうる精神性を持ち合わせていなかった。

一度緊張の糸が切れると、それを修復するのは困難だった。コンタクトプレーの練習でも、生活の様々な場面でも、踏んばりのきかない自分にとことん嫌気がさした。人生で初めての大きな挫折だった。

本格的に復帰すると仲間の成長ぶりに驚いた。外から見ているのと、同じフィールド内で対峙するのとでは、スピード感もプレッシャーも桁違いだった。身体をぶつけるたびに自分の足踏みを呪った。焦りから、さらにがんばれなくなるという悪循環にはまっていた。

身体のキレが戻らないことと同じくらい頭を悩ませたのが進学先についてだった。親身になってくれた先生に啖呵《たんか》を切った以上、関東の大学に行きたいとは言えない。もちろん、実家から離れたくないと言った以上、中京大学や大阪体育大学に何とか進学することはできませんかと相談することもできなかった。

そんな八方ふさがりの私を見るに見かねたのだろう、進路のことでほとんど何も言わない母親が「一から受験勉強するのは無理や。小論文入試っていうのがあるらしいから、それ一本に絞ったらどうや」とアドバイスをくれた。

以前京都市の中学校で国語科の教師をしていた経験のある叔父に、私のことを相談していたようだった。残された道はこれしかないと思った。小学1年生の頃から作文の時間が大好きだった。文章を書くことに抵抗を感じたことがない。

調べると花園大学と京都精華大学なら何とか見込みはありそうだということがわかった。どちらも中学保健体育の免許を取得する課程はない。それでも浪人するよりはましだと感じた。とりあえず夢は保留した。

花園大学の入試での問いは「嘘をつくことについて述べよ」で、スラスラ書けた。手応えもあった。数日後、合格通知が送られてきた。

ホッとした反面、夢から遠ざかったようで複雑な気持ちだった。私よりも母の方が喜びと安堵感に包まれていた。高校で3年間ラグビーをさせてもらいながら、それを大学生活につなげることができず何か申し訳ない気持ちになった。

伏見工業高校は全国大会への切符を勝ち取った。4年連続全国大会出場と、先輩方が積み上げてきた連続出場記録をつなげることができたことに喜びを感じた。

全国大会が開幕し、私は応援席にいた。目の前には同級生の三宅と秀くんが、レギュラーメンバーとしてファーストジャージを着て花園で活躍している。その時、私だけがメンバーに入れず応援席にいることに、恥ずかしい思いでいっぱいになっていた。彼らのがんばりに向き合うことができず目を背けている自分がいた。

全国大会はベスト16で天理高校に敗れ、私の高校ラグビー生活は幕を閉じた。三宅の最後までがんばる姿が今でも目に焼きついて離れない。

一方、秀くんは優勝の栄冠を勝ち取った。花園ラグビー場で啓光学園の応援席にいた私は何とも言えない気持ちになった。同級生を誇りに思いながら、不甲斐ない自分とのコントラストが胸を締めつけた。マスコミのカメラを向けられる秀くんの姿に嫉妬した。

夜遊びの中で

変わらず家は裕福ではなかったが、私立大学への入学でも父母は喜んでくれた。入学式に向かう道すがら母親がこんな話をした。

「保護者として三人の子どもを大学生にしようと決めていた。務めは大学の入学式まで。今日という日が迎えられてうれしい。これからは自分の意志で歩んでほしい」

確かに園児の頃から「大学は必ず卒業するように」と事あるごとに父母は言っていた。兄は国立大学へ進学していた。経済的に苦しいうえに自分がさらに負担をかけることを思うと申し訳ない気持ちになった。しかし、この後さらに申し訳なさでいっぱいになることになる。

入学後、すぐに友達ができた。これまでの友達とは価値観や世界観が全く違った。出身地も大阪や兵庫など近畿圏はもちろん、関東や四国、九州と様々だった。体育会系の子は少なく、どちらかと言えば文系の子と仲良くなった。音楽が好きな子が多かった。少し付き合っただけで、これまでの成育歴で苦労してきたことがわかる子も数人いた。

みんな優しくて楽しくて居心地のいいメンバーだったから、たくさん甘えさせてもらった。授業の出席カードを出してもらったり、泊まらせてもらったり。本当にいい仲間に恵まれたのにもかかわらず、1回生の頃は全くと言っていいほど大学に足を運ばなかった。

高校ラグビー日本一という目標を失った私は、大学生活で新たな目標を見つけることも、学生としての目的すらも完全に見失ってしまっていた。気がつけば地元の友達と夜な夜な遊ぶようになっていた。

タカがアルバイトをしていた居酒屋で0時頃まで一緒に働き、その後地元である伏見か四条河原町や木屋町といった夜の繁華街に出かけてそこで〝たまる〟。朝の6時頃に帰宅して昼過ぎまで寝る。夕方までダラダラ過ごし、アルバイトに出かける。そんな生活だった。

一緒に〝たまる〟仲間たちもそれぞれを見つめれば良いところもたくさんあり、優しい連中だった。ただ、そこはまだまだヒップの青い19歳たちで、いくら良い人間でも集団になると気持ちがホップし面倒な問題も起こしてしまう。

ちょうどこの頃ファッションとしての〝ギャング〟や、音楽ではヒップホップが大流行していた。テレビドラマで『池袋ウエストゲートパーク』が大ヒットした頃で、それまでの〝ヤンキー〟や〝不良〟といったイメージとはまた違ったヤンチャ像が生まれた時代だった。私もその流れに乗ろうと一応試みたものの、ヒップホップをいくら聴いてもビートルズの方がしっくりきてしまう……。Zeebra《ジブラ》よりもオブラディ・オブラダ、ライムスターよりもリンゴ・スター。

ギャングファッションではカラーパンツが流行っていて、私もチャレンジしてみたが、赤いパンツを穿いた鼻のでかい私は、上半身に無駄にうっすら筋肉が残る京都弁の天狗にしか見えなかった。

そんな私が最も滑稽だったのは、喧嘩のシーンである。毎夜たまっていると、どうしても諍《いさか》いやいざこざに巻き込まれることが多くなる。喧嘩に巻き込まれると足がすくんで動かなくなってしまうのだ。

ある夜、仲間と車で街に出かけ、隣車線を走る車と小競り合いになり、喧嘩に発展した。そんな時もタカは冷静で、助手席で堂々としている。相手がゴルフバットを片手に車から降りてきて、こちらの車のボンネットに飛び乗り、フロントガラスを叩き割り始めた。

こんなシーン、アーケードゲームでしか見たことがない。それには天狗のキャラなんていなかった。みんな平然としていたが、天狗（私）だけは非戦闘員である。即刻、鞍馬《くらま》山にでも帰るべく「逃げろ！」の指示を出す。天狗の雄叫《おたけ》びを受け入れてくれたので、この時はフロントガラスのみの被害で事なきを得た。

喧嘩のたびに私は怖《お》じ気《け》づき、自尊感情が低くなる。何度か経験すると、こんな生活は自分には本当は合わないのだろうなと感じるようになっていた。

カラーパンツよりもラグビーパンツの方が自分にはしっくりくる。でも、ラグビーという自己表現の場を失い、中学校の体育教師という夢を失った私は、なかなかそんな生活から抜け出すことができなかった。

そんな中でもタカは何度か「りーくん、もう先生にはなりたくないんか？」「ラグビーは、もうええんか？」と聞いてくれた。「先生は無理や」「もうええ」と親友の言葉に向き合うことなく、親友にも自分にも嘘をついた。

昼夜逆転で遊び呆けていたある日、ラグビー・ワールドカップ準決勝が深夜中継されることを知った。優勝候補のニュージーランドとフランスとの対戦だ。その夜も仲間と地元でたまっていたのだが、頭からラグビー中継のことが離れずタカに「ワールドカップを観に家に戻るわ」と告げ、急いで家に帰った。

「りーくん、その方がええぞ」とタカは言ってくれた。

この試合でフランスは、ニュージーランドを相手に見事な試合展開で劇的勝利を収める。喧嘩もできないチキンな私は、まさに鳥肌が立った。そして〈やっぱりラグビーに関わりたい。中学生にラグビーを教えたい〉と強く感じた。

地元や街で夜遊びしているときも、頭の片隅には常にラグビーがあり、どうすれば先生になれるかを浅はかなりに考えていた。だらしなかったり不摂生だったりもしたが、学ぶこともたくさんあった。

それは、集まってくる仲間だけでなくそこで出会った多くの人間が、胸の奥底に悲しみを背負って生きていることをチキン肌感覚で感じられたからだ。見るからにヤンチャでも仲間にはとてつもなく優しかったり、それまでの厳しい成育歴をネタにして語ったりしている人間も少なからずいた。多くは不器用で上手く自分のことを表現できない人間だったのだと思う。

「おれもかんこく」「おれのおじいちゃん韓国人」「おとんもおかんも在日」と、何人かの人間が私に伝えてくれたこともあった。みんなそれぞれ在日コリアンという自分自身のルーツを〝何となく理解している〟人間がほとんどだったのが興味深い。ただ「リテウ」という名前を聞いて私に親近感を覚えてくれた様子だった。

在日コリアンという共通点だけで、出会ってすぐに打ち解けて、軽く兄弟になれるリアル「ライト兄弟」だなと、そんな風に回想する。

「おれは部落やで」と言っていた人間もいた。その時〈これまでいろいろと苦労してきたんやろうな〉くらいにしか感じられなかった自分が恥ずかしい。あの時期に出会った人たちはどうしているのだろう。どうか幸せな人生を歩んでいてもらえたらと思う。

大学1年で取った単位は2単位。体育のみだった。両親に知らせると「自分自身の人生、自分で考えて自分で歩んでほしい」くらいしか言われなかった。余計にショックだった。父は冷静な語り口調で私に一言だけこう言った。

「夜な夜なたまるにしても、たとえばアメリカなら少なくとも英語は学べる。たまるのなら外国のコンビニの前でたまった方がいい」

〈2回生からはちゃんと大学に通おう〉と心に決めた。

この1年間、たった一つだけ前向きなことをしていた。近所に住む中学3年生の男の子と女の子の家庭教師である。

家庭教師とは名ばかりで、ろくに教科指導もできず勉強の必要性を説いていた程度のものだが、自分なりに真剣に向き合ったつもりだ。二人とも志望校に合格することができ、それは私にとって一つの大きな成功体験ともなった。

二人の卒業式に出席し、花道を歩く卒業生たちを見ていたその時、見るからにヤンチャな女子生徒が、中学校の正門をくぐるやいなや、男の先生に抱きついて号泣しながら御礼を言っている場面に出くわした。その二人の姿を見た瞬間、これまで教師になりたいと思い続けてきた自分自身の気持ちが鮮明に蘇ってきた。

〈絶対、教師になりたい。俺は、やっぱり教師になりたい。絶対になるんや〉

そう確信した。あの瞬間以来、教師になることを諦めたことは一度もなかった。ゲートの近くで号泣している生徒の姿は、私の教師人生のゲートを示してくれていた。

母校へ

大学2回生の4月、当たり前のことだが大学に通うようになった。同じ学部の友達とより一層打ち解けることもでき、そのことでこれまで感じたことのないような学校教育や部活動への価値観に触れることもできた。

この時期はとにかく目の前に中学生を据えて全身全霊、本音と本気で関わり合いたい一心だった。中学生にとっては何とも迷惑な話である。が、私は大学の一室で勉強するよりも実際に中学生と交流することを切望した。

悩みに悩んで、やっぱり山口先生しかいないと結論づけた。山口先生に謝ろう。関東への進学を勧めてくださったのにその想いを無碍《むげ》に扱ったあげく教師になりたいなんて、なんと勝手な話か。叱られるだろうが山口先生に相談しに行こうと決めた。そう決めると、さらに困ることになった。教科は何を教えるのか、についてである。

もちろん私の所属する社会福祉学部社会福祉学科で体育教師の免許は取れない。だからといって、体育大学を再受験する体力も経済力もない。しかしながら「まだ教科は決めていません」などと失礼なことを言うわけにもいかない。

安易にも程があるし志の立て方が軽すぎるが、〈社会科が好きやったし、社会科の先生になろ！〉と社会科の教師になることを決めた私は、山口先生のもとを訪ねた。

山口先生に3年生の頃の非礼を詫び、どうしても教師になりたい気持ちを告げると、想像してもいなかったような言葉が山口先生から飛び出した。

「李、それはとってもいいことだ。関東の大学のことなんて全く気にすることはない。先生にとって李は教え子なんだから、進路展望を開いてやるのは当然のこと。教科は社会科なんだね。わかった。先生は応援するよ」

拍子抜けにも程があるほど拍子抜けした。叱られるかと思ってドアをノックしたが、むしろ、歓迎していただけた。

山口先生は私が韓国籍であることを当然知っていた。それでも国籍のことや後述するいわゆる国籍条項について、何も言われなかった。それよりも「情熱的な人間が教師になった方がいい」ということを、時間をかけて私に話してくれた。

帰り際に「勉強も大切だけど、親身になって中学生と関わることが大切だよ」と言われた。この言葉で、自分自身の感じている方向性が間違ってはいないのだと確信を得た。あとは、中学生とぶつかり合える場だけが必要だった。

あれこれ悩んだが、落ち着いて考えてみると母校のラグビー部でコーチをさせてもらうことが最も自然なことのように思えた。当時、伏見中学校ラグビー部の監督をされていたのは伏見工業高校が初めて日本一になったときの方で、事情を伝えると「俺としてもありがたいことや」と快諾してくださった。

ホッとした。中学生と心身ともにぶつかり合う場、コーチングという自己表現の場を得た私は燃えたぎる情熱で、4年間の長きにわたり毎日15時頃から18時頃まで伏見中学校のグラウンドに通うことになった。

伏見中学校ラグビー部で外部コーチとして教え子たちと過ごした4年間について語り出すと、それだけで本が1冊書けてしまうほどだ。

教え子たちと言っても先生と生徒の中間にいる兄貴的な存在であり、実際に後輩たちでもあるので、現在でも教え子たちにとっては「先生」や「コーチ」ではなく先輩である「りーくん」のイメージの方が強いであろう。

この頃は、コーチングについても教育心理学についても何についても理解の欠片《かけら》もなく、ただただ情熱のみで教え子たちに向き合った。それゆえ理不尽な練習を課したことは言うまでもない。

コーチをしている自覚はあまりなく、あくまで「教師になるための登竜門として中学生と日々交流している」感の方が強かった。だから、ど素人ながらも学習指導もがんばっているつもりでいた。学習指導といっても部員たちに、定期テスト前には先生から各教科のプリントをもらうよう助言したり、放課後に教室を借りてテスト勉強に取り組ませたりしただけだ。夏休みには練習後に図書室を借り全部員を集めて宿題をさせたりもした。

子どもたち一人一人をラグビープレイヤーという観点だけではなく生徒として見つめることで、また違った良さを発見することも少なくなかった。コーチ（指導者）としてではなく教育に携わる者として、生徒と交流する中で生まれる喜びややりがいを感じ始めた頃だった。特にそれは学習指導よりも、日々子どもたちが成長していく過程で生じる、仲間とのトラブルや個々人の挫折や苦悩に向き合ったときに強く感じることが多かった。

それだけでなく、当時目の前にいた子どもたち全員から、中学生の時期に部活動に打ち込むことの教育的価値や子どもの気持ちに寄り添うことなど、教師として大切なことを教わった。伏見中学校ラグビー部の子どもたちや保護者から学んだことは、今でも私の深部に根ざしている。

コーチとして中学生と無心に向き合っていたある年の3月、離任式の日に女性の先生に突然声をかけられた。

「この数年、李先生が子どもたちに話をされているのを聞いて学ぶべきことがたくさんありました。感心したことも多くありました。特に障害のある子への接し方や関わり方、持つべき視点なんかについて中学生に語りかける姿に感心しました。本当にありがとうございました」

……突然すぎて、マンガで表現すると目が「ビヨヨヨヨ〜ン」と飛び出るような、私にとってはそんな心境だった。

「李先生」と呼んでもらったのはおそらくこれが最初である。それもありがたいことだがそれよりも、まだ大学生である私に、その年退職されるレジェンドがわざわざ声をかけに来てくれたことに感謝感激である。

私は、できる限り練習前や練習後に行うミーティングにおいて、練習内容やラグビーに関することだけではなく学校生活や私生活について話すよう心がけていた。特に障害のある方への関わり方や視点については意識的に話すように心がけていた。

当時のラグビー部には、育成学級（障害のある子たちそれぞれの発達段階に合わせて学習カリキュラムを設定した学級）の子たちに自然に振る舞い関わることのできる子が多くいた。そのことの素晴らしさに気づいてほしい気持ちと、悲しいかな世間では障害のある方に対して偏見や差別が散見されることにも気づいてほしかった。家族に障害のある方がいる部員もいた。その子を意識して話していたことも多かった。

さらに、この頃から、恥ずかしながら人権学習の講師として、中学生や時には一般の方々に話をする機会をちょくちょくいただいた。恩師が「一人の在日コリアンの生の声を聞かせたい」というねらいで企画されたものがほとんどだった。

年間5回ぐらいは話す場をいただき、生来目立ちたがり屋な私は快く引き受けた。いろいろな地域の中学校に行き、生徒の様子からその地域性を感じられることも興味深かった。

当時から、人権学習で話す内容について私の中で一貫していたことがあった。それは「被害者意識を伝えないこと」「暗い話に終始しないこと」「日本人や日本政府を責めないこと」だ。

正直、たった50分間私の話を聞いたところで、聞き手の考え方や生き方がそう大きく変わるとは思えない。何かを〝感じる〟くらいが精一杯で、感じてもらえたなら花丸である。そうであれば前向きな話をしよう、というのが私の結論だ。

在日コリアンの問題だけではなく人権学習全般において「未来を前向きに明るく捉え、そのために自分ごととして人権問題と向き合える資質・能力の育成」をねらいにした方がよいと私はつくづく思う。「少数者の胸の痛みを考えればそんな甘ったるい話はできない」という意見や「負の歴史に向き合わせることも大切な教育」といった意見もあると思うし、それも一理あるだろう。でも私にはできないし、私はしてこなかった。

それと、この頃から潜在意識として、〈生徒に話をする形をとりながら、実際はその場にいる教職員に語りかけた方がいいだろうな〉という意識もあった。まだまだ14、5歳の生徒は細かい話の内容はどうしても忘れてしまう。それよりもその場にいる教職員の方々に「差別や偏見に向き合う際の私のスタンス」を感じてもらうことの方が、よほど意義があるように思えた。

現在でもこの思いは変わっていない。堅苦しくなったり重苦しい雰囲気になったりすることなく、その場にいる人を傷つけない範囲内で、自由に楽しく伸び伸びと意見交流のできる雰囲気をつくることが理想だ。

校長先生の熱波

ラグビー部の外部コーチとしてとにかく一心不乱に中学生に向き合っていたこの時期、突如として転機が訪れる。人生の転機といって差し支えないだろう。山形光央先生との出会いである。

年度末、「校長が変わる。次の校長は日体大の相撲部出身らしいわ」と噂話を聞いた。まさか、校長が変われば学校の文化や風土まで変わるなどとは、思いもよらなかった。

4月初め、ラグビーの指導を終えた私は校舎のピロティにいた。そこに黒服でスキンヘッド、上半身が筋骨隆々の男性が来た。

近づいてきたその男性の目つきの鋭さは尋常ではなかった。虎である、虎の目をしている。

次の瞬間、私にこう告げた。

「新しく校長になった　山形です」

……。度肝を抜かれた。〝新たに赴任してくる校長先生〟にこんな風貌と威圧感と戦闘力があるとは、私のデータベースにはなかった。たぶん、誰のデータベースにもなかったと思う。

グラウンドから見ていた部員からは、私がいかつい人に道を聞かれているかトイレを貸してくれと要求されているようにしか見えなかったであろう。

新たに赴任してきた校長先生の噂は瞬く間に広がった。教師も生徒も誰もが「いかつすぎる……」と口を揃えた。全校集会で話す山形先生を見た私にふと懸念がよぎった。〈ワシントン条約に引っかかるのでは……〉。山形先生は絶滅危惧種だった。

まだ校内で喫煙できるのが当然だった時代に、赴任初日から「校内全面禁煙」を提唱するなど、「事なかれ主義」とは180度違う革新的な雰囲気が、山形先生からは滲《にじ》み出ていた。

4月のある日、教頭先生から「校長先生がお呼びや。怒られるんとちがうか(笑)」と告げられた。笑えなかった。逃げるわけにもいかないので恐る恐る校長室をノックした。

「まあ座れ」と山形先生はおっしゃった。私が座ると即座に本題に入られた。

「教職員みんなが君のことをよくがんばる子やと評価してる。聞けば、ラグビーだけやなく勉強も教えてくれてるみたいやな。何になりたいんや？　教師になりたいんか？」

普通ならこの言葉でホッとするのだろうが、山形先生の眼光が鋭すぎて全くホッとできない。

「中学校社会科の教師になりたいです」と告げると、応援することを約束してくださった。ほんの少しだけホッとした。

この日から2年間、山形先生は週に1度は私を校長室に呼んでいろいろな話をしてくださった。

山形先生が若いころ最初に赴任した中学校では、校内暴力が盛んな時期で、悪戦苦闘する中で生徒と人間関係をつくっていったこと。2校目に赴任した中学校では前任校との地域性の違いに戸惑うこともあったが、生徒指導はもちろん相撲部の顧問として、また学年主任としていろいろな経験ができたこと。3校目の中学校では教頭、校長と管理職を務める中で学校運営の楽しさや喜び、醍醐味なんかを味わうことができたこと。

そして、様々な経験をしてきたからこそ4校目に校長として赴任したこの伏見中学校でも様々な改革を推し進めていきたいことなど。

学生の私には初めて聞くようなことがほとんどで、毎回新鮮な気持ちで聞くことができた。山形先生は話が上手かった。いや、上手さもあったが何より熱気が半端ではなかった。年中エルニーニョ現象だった。

だからこちらの心も動くしハートにも火がつく。山形先生はそれまで出会った誰よりも「モチベーションを向上させる天才」だった。いかつい見た目とは真逆のかわいい笑顔も持ち合わせておられ、茶目っ気たっぷりだった。

山形先生の熱波を受け、伏見中学校の教職員の方々のモチベーションも日ごとに高まっていくのをこの目で見ることができた。教職員のモチベーションが上がると、見る見るうちに学校が変わっていく。先生たちの関わりに熱がこもると生徒にも伝わる。それが熱気となり学級から学年、学年から学校全体へと瞬く間に伝わる。校長先生の存在感の大きさを毛穴感覚で感じることができた。

山形先生は親分肌すぎるくらい親分肌でもあった。教員はもちろん異業種の方も含めてたくさんの人が山形先生のもとを訪れた。訪れる人が皆、口を揃えて山形先生の嘘いつわりのない人柄に敬意を払っていた。

私は畏敬の念も含めて山形先生に魅了された。まだ大学生だった私に多くの方を紹介してくれた。他校でがんばる先生が多かった。若い先生だけでなく学年主任や管理職といったベテランも含めて、年齢を問わず幅広い世代の先生と交流する機会が格段に増えた。

山形先生のネットワークは本当に広く、すごかった。様々な教師が集う「塾」も企画されていた。その場で教育委員会の方に私のことを紹介し、売り込んでくださった。山形先生と出会ったことで私の将来展望は一気に開けた。伏見中学校が、そして山形先生の私塾が私の李《リ》クルートの場になった。

私はこの頃には、たとえ京都市教育委員会の教員採用試験に合格したとしても教諭採用ではないことを知っていた。韓国籍なので「任用の期限を附さない常勤講師」、いわゆる「常勤講師（正規）」採用だ。

公立学校の教諭は、校長の行う校務の運営に参画することで公の意思形成に携わることになるので、日本国籍がないと公立学校の教諭にはなれないとされている。これがいわゆる〝国籍条項〟と呼ばれるものである。

ただし、これは法律上の問題でも何でもない。１９５３年に内閣法制局による見解「当然の法理」として示され、そのまま原則論として引き継がれているものである。実際に神奈川県川崎市はこれまで国籍要件を設けてきていないし、東京都も1974年に国籍要件を廃して以降は教諭任用としている。

これを書いている2022年現在、京都市は教員採用選考において受験資格に国籍要件は設けていないが、外国籍者は合格後の任用で私のように「任用の期限を附さない常勤講師」となる。この職は教諭と異なり、管理職やそれ以外の教務主任や生徒指導部長（小学校の生徒指導主任は該当しない）、進路指導主任、学年主任などの職務に就くことができない（ただし小学校の学年主任については主任手当のつかない単級、もしくは2学級までなら就ける）。したがって国籍条項はあると言える。これに関わることについては避けては通れないことでもあるので追い追い書いていきたい。

当時から現在まで、この国籍条項に対しての私の姿勢はどちらかと言えば楽観的で、「常勤講師（正規）」採用については〈まずは採用されることを優先しないと。試験に合格し採用してもらうことが先や〉と考えていた。国籍条項が差別的だとかいうことについては、また後々考えようと決め込んでいた。実際にそれでよかったと思う。

私のこの楽観的な姿勢についても山形先生はすぐに見抜かれていた。山形先生は絶滅危惧種だけあって、嗅覚というのか感性というのか動物的勘とでもいうのか、それらが研ぎ澄まされていた。先生は何度も「李くんは前向きなところがええ」と言ってくださった。

山形先生の前提として「日本国籍取得（いわゆる帰化）した方がいい」とか「通名で教壇に立った方がベター」というような発想は、私に対しては皆無だったと思う。その逆で「本名で前向きに生きる方がいい」「在日コリアンの教師がいてもいい」という考えが、毛穴から滲み出ていた。もしも毛穴パックをしたら、情熱と愛国心と一緒に少数者への理解も出てきたことと思う。

山形先生は、思想から言えばバリバリの「保守派」だった。保守派の意見の中には外国籍住民や少数者の権利に後ろ向きな姿勢も見られるが、山形先生は私や私以外の在日コリアンを差別したり偏見をもったりということは決してなかった。山形先生の教え子にも国籍にかかわらず〝朝鮮半島ルーツ〟の人がいたことも影響しているのだろう。目の前の在日コリアンの生徒や保護者が困っていれば全力で助ける。「自分の思想以前の問題や」「困っている人とか弱者の味方でないと」と感じ、考えておられるのではないか。

とにかく山形先生からも「ありのままの自分でいいよ」というメッセージを毛穴感覚で受け取ったのである。このメッセージが自然と私の背中を押し、私の自尊感情を支え耕してくれたことは言うまでもない。

小学校へ行け

大学4回生のある日、校長室に来るよう呼び出しがあった。もうその頃には〈今日も山形先生の熱い話が聞ける〉くらいの気持ちで校長室をノックした。その日も山形先生は即行で本題に入られた。

「李くん、なんで君は教師になりたいんや」

〈なんか今日は改まってるな……〉くらいに感じた私は改めて、

「はい、ヤンチャな中学生や困っている中学生に、ラグビーを通じて人生を前向きに歩むことの意味を教えたいからです！」

と、嘘いつわりなくありのままに思いを伝えた。

すると、山形先生はこれまでとは違ったテンションで話し始めた。

「それはそれでとても大切なことや。実際に中学校現場で最初は重宝されると思う。ヤンチャ相手にラグビー教えて人間関係つくって、学年や学校全体を落ち着かせる。君が若い間はそれでいいやろう。でもな、何か大切なものが足りてないと思わんか」

私は返答に困った。当時の私の〝なりたい教師像〟は「困難を抱えている生徒にありのままの自分で向き合い、ラグビーを通じて人格形成を図ったり人生を前向きに歩む力をつけたりすることのできる教師」だったからだ。

そんな私に山形先生はこう続けられた。

「李くん、君の視点で足りてないものは授業や。教師はラグビーを教えるんが仕事やない。生徒に学力をつけることが仕事や。そのためには授業に力を入れて、大切にしなあかん。でも、君にはその視点がないやろ」

当時の私は授業や学力について考えたことなどほとんどなかった。そんなことは二の次、三の次で、ラグビーの指導や生徒と本音で関わることばかりをイメージして教師像を膨らませていた。

「李くん、小学校行け。小学校で働くんや。小学校は中学校と違って全教科教えられる。1年生から6年生まで学年も多い。それだけ教え方に工夫もいるやろ。小学校で勉強して、それからまた努力して中学校の教師になったらええ」

それまで山形先生に傾倒していたほどの私でも、この言葉は理解できなかった。小学校の先生になるなど微塵も考えたことはなく、セルフイメージも湧いてこなかった。だから、「山形先生、小学校の先生になりたいと思えないです。中学校の先生になりたいです」と伝えた。山形先生は「わかった」と言ってくれた。

この日を境に、山形先生はことあるごとに校長室に私を招いては「小学校現場で働くことの意義」を説いてくれた。教科が多いぶん教育方法の専門性が高まる（教師としての引き出しが増える）こと、幼い子を相手とするため子どもに寄り添って話を聞く姿勢が身につくこと、より授業研究が盛んなので授業力も身につくことなど、思い返すとどれも適切なアドバイスだと思う。

何より「生徒にぶつかるだけの教師になったらあかん」という山形先生のメッセージが心に突き刺さった。これまで誰よりも、しんどい背景にある生徒や保護者にぶつかってきた山形先生が言うからこそ説得力があった。日を追うごとに山形先生のアドバイスは私の心を打つようになっていった。

〈小学校でがんばって、またそれから中学校でがんばった方がええ〉

と思えるようになるまで3ヵ月くらいかかった。

山形先生の情熱に心が揺さぶられた。私という人間への信頼感もビンビン感じた。決めつけるのではなく、あくまで決めるのは自分であると決定権を私に預けてくださったことも大きい。それもこれも山形先生の懐の深さゆえだと思う。

「山形先生、小学校現場でがんばります」

と決意を告げたのは、4回生の1月頃だった。

大学は何とかぎりぎり4年で卒業することができた。卒業後、小学校教員の免許を取るために佛教大学通信教育課程で学ぶことになった。多くの同級生たちが社会人1年目として働く中だったが、焦りは全くなかった。将来展望がはっきりしていたからだと思う。両親にさらに経済的に負担をかけることだけは申し訳ない気持ちでいっぱいだった。

その年の冬のことだ。帰省していた秀くんとお酒を飲んでベロンベロンになった私は、そのまま秀くんの家のこたつで寝てしまっていた。朝、といっても11時頃に私の電話が鳴った。山形先生だった。「午後に教育委員会から話に来られるから校長室に来てくれ」とのことだった。慌てて支度をして学校に向かった。

校長室のドアを開けると、長くラグビーの指導をしラグビースクールを立ち上げるなど幅広く活躍されてきた先生がおられた。この日は私のためにわざわざ伏見中学校まで足を運んでくださった。この先生は日体大のラグビー部出身で山形先生の大学の後輩にあたる。

山形先生が「李くん、縁あって4月からある小学校に赴任できることになりそうや。そこの校長はわしもよく知っとる。日本体大のラグビー部出身や」とおっしゃった。

私は日本体育大学には一度も行ったこともないし所在地も知らないが、山口先生や山形先生、そして後述する池田校長と、可愛がってもらった人に日体大出身の方がめちゃくちゃ多い。不思議な縁を感じる。決して日体大に足を向けて寝ることなどできない。かといって私の場合、多くの方に親身に支えてもらった経緯もあるので16方位どこにも足を向けられず、足上げ状態で寝なければならないのが実状である。

お二人に「ありがとうございます！」と伝えると、屈強なファイター二人がニコッと笑顔を見せられた。笑顔の方が恐かった。

こうして小学校現場に赴任することが決まった。ラグビーから離れることになったが、この道を通してくれたのはラグビーだった。

中学校教師になるという夢の扉を開くために、まずは小学校現場の扉をノックすることになった。その扉までの道筋を示し扉の前に立たせてくれたのが山形先生だった。

伏見中学校ラグビー部で外部コーチをしていた22歳の頃。京都府大会決勝戦に敗れた直後の表情。

第4章　外国籍教員として

「在日」って？

その春から、京都市立桃嶺台小学校で勤務することになった。年度末に免許取得見込みということで臨時免許状を発行してもらい、長期休養に入った先生が復帰するまでの半年間の加配教員として、「臨時の常勤講師」となった。

出勤して2日目、まだ春休みの最中に、私は掃除か何かで鳥小屋のあたりにいた。そこに一人の女子児童が駆け寄ってきた。6年生だと言う。私の名前を聞いてきたので李だと告げた。

数日後、給食室でたまたまその子に出くわすといきなりこう告げてきた。

「私もかんこくじんやで（この子は日本国籍、日本名で暮らしてきた）」

……度肝を抜かれた。それまで20年間近くマイノリティの自覚をもちマイノリティとして生きていたが、出勤2日目に初めて出会った児童が在日コリアン。実は在日コリアンはゴロゴロいるのではないかという錯覚に陥りそうになった。

新学期が始まり数日経ったある日、集団下校を引率していると一人の5年生児童が話しかけてきた。「私のお父さん、先生と一緒でかんこくじん。そやし、私も半分かんこくじん」

……思わず「ぼくもあなたとおなじで　はんぶんかんこくじん♡」と言いそうになった。〝半分〟という響きがブレーキになり思いとどまったが、その後数分間、互いの思いを語り合った。

初めて教壇に立ってからこの間、こんな出会いは枚挙にいとまがない。マイノリティとの出会いが多すぎて「マイノリティは実はマジョリティではないのか」と新たな仮説を私に立てさせるほどである。それほど、民族的なマイノリティであることが名前で可視化された私という存在は、公教育の中で異質であり目立つ存在なのであろう。

マイノリティはマイノリティを惹きつける。言い換えるならば「マイノリティはあるがままの自分でいられる居場所を求めていて」「マイノリティであることを胸襟開いて受け止めてくれる存在を欲している」ということだ。

「李」という名字である教師に興味関心を抱いたのは、もちろん在日コリアンの児童だけではない。初年度は若かったためか毎時間のように私の周りは子どもだらけだった。特に低学年（1・2年生）の児童が私に集まってきてくれる。

こんな経験はもちろん初めてで最初は戸惑った。心のどこかに〈中学生と関わりたいなぁ……〉という気持ちもなくはなかった。それでも児童襲来の回数が、時の蒙古襲来など比較にはならないほどの多さで、それどころではなかった。

小学校では国語の音読に力を入れていることが多い。中間休みには児童が職員室に音読をしにやってくる。音読を聞いたら児童のもつ音読カードに教職員がサインをしたりシールを貼ったりする。そうすることで音読へのモチベーションを上げる仕組みである。

ある時、低学年の女子児童が職員室にいる私を訪ねてきた。

「しつれいしますぅ　○ねん○くみ　○○です。りぃせんせい　おんどくきいてくださいぃ」

「音読聞きますよ。どうぞ」

こうしていつもの流れで音読が始まる。

「うぅんとこしょ　どぉっこいしょ　それでもかぶはぬけません」

『おおきなかぶ』である。毎度のことながら児童の音読にかける力、その一言一言にかける力の入れ具合はすさまじい。

私は内心〈はよ、かぶ抜いてな〉と思いながらも、

「うまい！　じょうず！」

と、ソフトに合いの手を入れる。

かぶがやっと抜けると、音読カードには「㊖」のサイン。児童はとても喜んでいる様子だが、音読が終わったのに、かぶも抜けたのに、まだ私のそばから離れない。

〈いじめとか、何か悩んでいることでもあるのかな〉と心配になり「どうしたの？」と聞くと、児童は話し始めた。こちらが本題のようである。

「りぃせんせいに　ききたいことがあるねん」

「（聞きたいこと⁇）何でも聞いてや」

「りぃせんせいな　きょうも　かんこくにかえるん？　ひこうきのるん？」

……。社会人1年目、強烈な先制パンチ。社会の荒波とはまさにこれである。

毎日韓国から通勤していたらどれだけお金がかかるのか。交通費支給も税金からである。マイルもたまって仕方がない。一回戦ボーイの私は、この挑戦に真っ向勝負で挑んだ。

「バイクやでバイク。バイクで来てるねん」

「せんせい　バイクで来てるん。おうちかんこくじゃないの？」

「おうちは京都市伏見区やで。バイクで15分。通勤楽やねん」

「なんでなん？」

「よう聞きや。りぃ先生はな、お父さんが在日韓国人や。お母さんが日本人。りぃ先生のお父さんのお父さんとお母さん、りぃ先生からしたらおじいさん、おばあさんが、昔戦争の影響があって韓国から日本に来てん。ほんで、日本でりぃ先生のお父さんを産んだ。りぃ先生も日本で生まれた。りぃ先生もりぃ先生のお父さんも日本生まれの韓国人。在日韓国人。わかった？」

「わからへん」

「……」

小学校は、中間休みにあちらこちらで所狭しとニコニコ笑いながらそこら中を駆け回る児童で溢れている。中学校現場にはないその雰囲気は私を癒やしてもくれた。

そんなある日の中間休み、一人の男子児童が私のもとへ駆け寄ってきた。

「せんせい、せんせい」

「どうしたん、どうしたん？」

「せんせいにぃ　ききたいことがあるねん」

「いいよ。何や？」

「うんこって　かんこくごで　なんていうん？」

「そんなん聞いてどうするん？　どのタイミングで使うん？」

不謹慎だが、うんこは低学年の男子児童が私に聞いてくる韓国語ベスト3に入った。

「なんていうか知らん。先生、韓国語しゃべれへんもん」

「え!?　なんで？」

「……ええか、よう聞きや。先生のお父さんは在日韓国人や。先生のお母さんは日本人。先生のお父さんのお父さんとお母さん、おじいちゃん、おばあちゃんが、昔いろいろあって韓国から日本に来たんや。その後、先生のお父さんを産んだ。先生も日本で生まれた。先生も先生のお父さんも日本生まれの韓国人。わかったか？」

「わからへん」

「……」

笑顔で駆けていく児童のステップは心なしか軽く見えた。もう、うんこはいいのか。

この当時は現在で言う「第一次韓流ブーム」と呼ばれる時期であり、韓国のドラマ『冬のソナタ』が大ヒットした直後で、その影響を児童ももろに受けていた。私が小学生の頃の韓国のイメージとは天と地ほどの差があったように思う。

ある日、児童がこんな風に聞いてきた。

「先生、先生」

「どうしたん？」

「先生に聞きたいことがあるねん。先生、辛いもん好き？」

「好きや。いっぱい食べるで」

「ぼくもな、韓国料理大好きやねん！」

「美味しいもんなぁ。先生も韓国料理大好きや」

「そこでな、先生に聞きたいことあんねん。……ビビンバか、ビビンパか、ほんまはどっちなん!?」

「知らんがな！」

「ぼくは知りたいねん」

「そんなんどっちでもええやん！」

「ぼくにとったらどうでもええことないねん！」

「そうなん。……先生、よう知らんけど、〃パ〃は『ご飯』ていう意味らしいから、たぶん〃ビビンパ〃とちゃうか？」（正確には「ピビンパ」）

「先生、知ってるやん!!」

「知らんよ!! 期待しんといてや。これ以上何も出てきぃひんで。全部出しきったで！」

「なんでなん⁇」

「………。ええか、よう聞きや。先生のお父さんは韓国人で、先生のお母さんは日本人や。先生のお父さんとお母さんは日本生まれや。おじいちゃんとおばあちゃんが韓国から来たんや。それで、先生のお父さんも先生も日本で生まれたんや。そやから先生は、韓国語ほとんどわからへんで！ わかったか？」

「わからへんで」

「…………」


当時の勤務校では「人権タイム」という取り組みをしていた。様々な立場の方々の人権について知り考える授業で、年2回、各学年が朝鮮半島の文化について学ぶカリキュラムを組んでいた。朝鮮半島の本を読んだり遊びをしたり、伝統衣装や食文化について学ぶことで「楽しく前向きに朝鮮半島の文化を感じる」ことが学習の大きなねらいの一つであった。

私が赴任した1年目の人権タイムでは「李先生と交流をしよう！」をテーマに私がゲストティーチャーとして各学級を回り、私自身のもつ文化を知るという取り組みも行われた。

人権タイムでは児童とこんなやりとりが行われる。

「はい、質問や感想のある人」

（勇んで）はい！」

「はい、○○くん」

「先生は、家では、チョゴリなんですか？」

「なんでやねん！　スウェットや！　上下スウェットや！」

「なんで？」

「なんで先生が、こんなきらびやかな服着なあかんのや？　おかしいやろ。先生、頭こんなして（結って）寝るんか？　私生活エレガントすぎるぞ」

（大多数の児童）「なんでなん？」

「なんでって。よう聞けよ。先生のお父さんは韓国人で、お母さんは日本人や！　先生のおじいちゃんとおばあちゃんが昔韓国から来たんや！　それで先生のお父さんも先生も日本で生まれたんや！　そやから先生はチョゴリを着ることもないし、韓国語もわからへん！」

「なんでそんな怒ってるん？」

「何回も聞くからやないかぁ！」

「ぼく、一回しか聞いたことないで」

「こっちは何回も何回も聞かれてるんや！」

「へー」

これが当時の私の日常だった。

軽いのや短いのも合わせると何百回も児童に私のルーツのことを聞かれた。が、大多数の児童は理解できていなかった。私が韓国という国に何となくつながりがあることまでは理解できる。だが、「日本生まれ日本育ちの韓国人（籍）」というのでみんなチンプンカンプンになる。「在日」という言葉や概念などは児童には全くピンときていない様子だったので、途中からは使わないようになった。自分のことをどう表現すれば小学1年生から6年生まで理解してくれるのか。こんな悩みは私にとって初めてだったので困った。

この時期からボヤッとこんな風に考えるようにもなっていた。

〈俺は　日本生まれ　日本育ち。だから〝韓国人〟ではないんやろな〉

〈韓国人と　在日韓国人は　全く別ものや〉

もう一つ、この時期に考え思い悩んでいたことがある。先述した「自分は（も）かんこくじんや」と伝えてきた児童たちのことだ。

彼女たちは自分自身が「（在日）かんこくじん」だというアイデンティティを持ち合わせている。日本人としてのアイデンティティも私に比べればずいぶん大きく持っていたことだろう。そんな彼女たちも多かれ少なかれ「李大佑という韓国につながりがある先生」についての噂話を聞くことがあったことは想像に難くない。その際に、周囲にいる大多数は「よくわからないけれど　とにかく　かんこく系」というようなジャッジをおそらく下していたことだろう。

その時、自分自身のことゆえに「（在日）かんこくじん」ということをよくよく理解できる彼女たちは、どんな風に感じていたのだろう。もしかすると彼女たちは、自分自身と私という存在を重ね合わせて「わたしのことを理解してくれる同年代の子なんていないかもしれない」とネガティブに感じることもあるのか。そうであればつらいだろうな、などと思いを馳せていた。

もちろん私にカミングアウトしてこない在日コリアンの児童もいたし、名字でおそらく在日コリアンではないかと思える児童もいた。その子たち一人一人のアイデンティティ形成に、私という「在日コリアンの教師」が身近にいることはどのように作用しているのかがとても気になった。

とにかく、私という存在が、日本人であれ在日外国人であれすべての児童にとってプラスになることを強く願っていた。

〝わからない〟ということがわかった

いくら「在日」という言葉や概念が児童にはピンとこないのだとしても、すぐさまそこから撤退するのは違うという思いが私にはあった。やはりここは授業で迫らなければならないだろうと考えた。そこで、6年生の道徳の時間に自分自身を教材にした授業を展開することにした。授業の導入部分を紹介しようと思う。

書籍のタイトル

◆本書を何でお知りになりましたか？
□新聞・雑誌の広告…掲載紙誌名［　　　　　　　　　　］
□書評・紹介記事……掲載紙誌名［　　　　　　　　　　］
□店頭で　□知人のすすめ　□弊社からの案内　□弊社ホームページ
□ネット書店［　　　　　　］　□その他［　　　　　　］

◆本書についてのご意見・ご感想

■定　価	□安い（満足）	□ほどほど	□高い（不満）
■カバーデザイン	□良い	□ふつう	□悪い・ふさわしくない
■内　容	□良い	□ふつう	□期待はずれ

■その他お気づきの点、ご質問、ご感想など、ご自由にお書き下さい。

◆本書をお買い上げの書店
［　　　市・区・町・村　　　書店　　　店］

◆今後どのような書籍をお望みですか？
今関心をお持ちのテーマ・人・ジャンル、また翻訳希望の本など、何でもお書き下さい。

◆ご購読紙　(1)朝日　(2)読売　(3)毎日　(4)日経　(5)その他［　　　新聞］
◆定期ご購読の雑誌［　　　　　　］

ご協力ありがとうございました。

ご意見などを弊社ホームページなどでご紹介させていただくことがあります。　□諾　□否

◆ご 注 文 書◆　このハガキで弊社刊行物をご注文いただけます。
□ご指定の書店でお受取り……下欄に書店名と所在地域、わかれば電話番号をご記入下さい。
□代金引換郵便にてお受取り…送料+手数料として500円かかります（表記ご住所宛のみ）。

書名	冊
書名	冊

ご指定の書店・支店名	書店の所在地域 都・道　府・県　市・区　町・村
	書店の電話番号　（　　　）

郵便はがき

料金受取人払郵便

神田局
承認

7846

差出有効期間
2024年6月
30日まで

切手を貼らずに
お出し下さい。

101-8796

537

【受 取 人】

東京都千代田区外神田6-9-5

株式会社 **明石書店** 読者通信係 行

お買い上げ、ありがとうございました。
今後の出版物の参考といたしたく、ご記入、ご投函いただければ幸いに存じます。

ふりがな お名前	年齢	性別

ご住所 〒　　-

TEL　（　　）　FAX　（　　）

メールアドレス	ご職業（または学校名）

＊図書目録のご希望	＊ジャンル別などのご案内（不定期）のご希望
□ある □ない	□ある：ジャンル（　　） □ない

「これ誰？」（黒板に写真を張ると、ワーワー手が挙がる）
「浜崎あゆみぃ」（当時のあゆ信奉者の、それはそれは多いこと）
「そうやなぁ。浜崎あゆみやな。次、誰出てくるやろなぁ」（次の写真を出す）
「ベッカム！」（当時、ベッカムヘアーをしていた児童多数）
「そうやなぁ。次は……」（あゆ、ベッカムときて予測不能に陥る児童たち）
「はいはいはい！　ヨン様!!」（クラスのほぼ全員がヨン様連呼。彼は一体何様なのか）
「次に出てくる人、誰やろう」（ほぼ全員混乱）
「うわぁ！　悟空や！　孫悟空！」（鳥山明の業績の偉大さを肌で感じた私は、ここで一人脱帽）
「じゃあ、これ誰？」（ここはスッと、ある顔写真を出す）
「……誰これ？」（突然現れた坊主頭の高校生に困惑する児童たち）
「よう見てみ」
「あ！　李先生やん！　先生、丸坊主やったん!!」（爆笑する児童たち。ここだけ台本とは違う）
「そうやで。けど、李先生の髪質がどう変わっていったかとか、そんなんちゃうねん。この時間はもっと違うことをみんなで考えていくしな。この人、なに人？」（どんどん手が挙がる）
「日本人！」「イギリス人!!」「韓国人!!!」（顔写真の下にそれぞれ書き込んでいく）
孫悟空は特別である。特に男子児童はみんな言いたい叫びたい。
「サイヤ人!!!!」
教室内のテンションはマックスに。ここで少しずつ本題に入っていく。

「李先生はなに人か知っている人」（ここからは挙手を求めて）
「はい！　かんこくじん」
「そう思うやろ？　実は、李先生は韓国人ではないねん」
「え？」（アニメのようにシナリオ通りの驚きを見せてくれる児童たち）
「李先生は……」（顔写真の下に「韓国人」と書き、その横に赤字で「在日」と書き加える）
「なにそれ？」（理解できない様子を見せる児童たち）
「じゃあ、この人誰か知ってる人」（「カカロット」のフラッシュカードを見せる）
「知ってる！　悟空のこと!!　悟空のサイヤ人の名前!!!」（シナ李《リ》オ通りに授業が進む）
「そうやなぁ。悟空は地球では『孫悟空』。惑星ベジータでは『カカロット』やったなぁ。ここで何か気づくことある人」
「はい！　悟空は名前が二つあります!!」
「そう。よく気がついた。じゃあ、これは誰か知ってる？」（「川村大佑」と書かれたフラッシュカードを黒板の中央に貼りつける）
「誰それ？　知らんで。……あっ、大佑って李先生と同じ名前や！」
「そうやねん。実はこの人、李《り》大佑《てう》でもあり川村大佑《かわむらだいすけ》でもあるんや」（「川村大佑」を「李大佑」と書かれたフラッシュカードの横に貼りつける）
「うそやん！　先生、李大佑やん」（ここでクラス内は一気にシ李《リ》アスな雰囲気に）
「実はな、李先生は悟空と一緒で名前が二つあります。それはなぜなのか。そこから『多様性を認める』ということはどういうことなのかを考えてみましょう」

ここからは

・二つの名前がある理由、その背景にある歴史を知ること
・「在地球サイヤ人」と「在日韓国人」を対比し、「在日」という意味を知ること

について展開しまとめていった。

授業後に児童の感想を読むと、名前が二つある理由や歴史性についてはなんとなく理解できている様子であった。しかし「在日」についてはほとんどの児童が困惑していた。

「それなら日本人でいいんじゃないんですか」
「在日も日本人も変わらないと思う。一緒だと思う」
「李先生が日本人だと言えないことがかわいそうだと思った」
「李先生と韓国は関係がないのでは？　だから李先生は日本人だと思う」

というような感想に終始していた。

6年生に「国籍と民族の違い」を伝えることの難しさを痛感した。そして、異なる民族や文化、社会における少数派の存在をポジティブなもの、当然のものとして受け止めてもらうことの難しさも痛感した。

とにかく児童にとっては、授業で丁寧に説明されても在日という意味や存在は「〝わからない〟ことがわかった」ことが良かった。私にとって「いかに楽しく前向きに感じながら少数派

のことについて考えてもらう授業を展開するか」というテーマを導き出せたことも良かった。

まずは何でも前向きにやってみること、実行してみること。やってみてそこから修正を重ねたらいい。それは山形先生の姿から学んだことだ。授業展開を工夫して、これからより良いものにしていこうと思った。

こうした私の授業を受けていた在日コリアンの子たちの反応も多様だった。

「私も李先生と同じで在日だからすごくよくわかることがありました」と書く児童もいれば、「難しくてよくわからなかった。でも孫悟空が出たときはおもしろかった」というような、周りのクラスメイトを意識したとしか思えないような〝控え目〟な感想で終わらせる児童もいた。

受け止め方は多様であっていいし、見せる反応もそれぞれ違っていい。ただ、何かやりきれないというか寂しいというか、一言では表すことのできない気持ちになったのも事実だった。

採用試験合格

この年、京都市における教員採用試験に合格することができ、小学校教員として採用された。それまでに京都市では、在日コリアンである韓国籍の女性が小学校と中学校にそれぞれ1名ずつ採用されていた。韓国籍の男性として京都市では初めての採用だった。

家族をはじめ恩師も友達も一様に喜んでくれた。その姿を見ることがうれしかった。多くの先生方の支援があっての合格だったが、当時の桃嶺台小学校校長である池田一雄先生の力添えがものすごく大きかったのは間違いない。

先述した通り、池田一雄先生も日本体育大学ラグビー部出身だ。定年退職される際に有志が集まりタグラグビーの試合を企画したのだが、そのステップの鋭さには度肝を抜かれた。鋭角すぎて60歳のそれではなかった。

鋭角だったのはステップだけではない。反差別や反排外への思いにもかなりエッジが効いていた。が、それを感じさせない池田先生特有の温かさが最大の魅力だった。どんな相手も厳しく睨みつけるのではなく温かさで包み込んで、差別や排外のもつ問題性を考えさせる。そんな池田先生のプレースタイルから、差別や排外への向き合い方も多様だということを学んだ。当時から現在まで、池田先生は私のなりたい教師モデルの一番手だ。

こうして多くの支えがあって採用試験に合格することができた。たくさんの方々に報告するたびに実感が湧いた。喜びも増した。恩師も友達も保護者も。多くの人がこう言ってくれた。「夢が叶って良かったね。先生になれて良かったね」と。

もちろんそうなのだが、釈然としない気持ちもあった。みんなが合格して先生になるのだが、私のなれる〝先生〟はマジョリティのそれとは意味合いが違った。あくまで「常勤講師（正規）」での採用だ。外国籍だからだ。

共に喜んでくれる友達や仲間から「李くん、差別に打ち勝ってすごい」とか「差別に負けなかったからやな」と言ってもらえるたびに心がモヤモヤした。

〈常勤講師（正規）採用は「区別」なんやろか。それに、外国籍で一括りにするのは妥当なん

かな。俺は日本生まれの日本育ちの外国籍。外国籍にも多様性があるやん〉

中には私のことを心配して、通名の「川村大佑」で教壇に立った方がよいとしつこいくらい助言してくれた方もいた。公立学校の先生として民族名を貫くのはあまりにも前途多難すぎるといった意見だった。

真摯には受け止めたが〈それなら先生になる意味がない〉と感じた。〈李大佑が公立学校の先生になるからこそ〉意味があると思った。

臨時教員としての任期は9月末までだった。採用試験に合格していたことから、現場に立てなくても給料がなくても気分的に前向きだった。時間の余裕もあったので初めてソウルに旅行した。

3泊4日、祖国への旅。「自分探し」などという大それたものではなく、ただのフィーリングで決定した旅。やはりと言っていいものか、紛れもなく韓国は私にとって異国だった。「祖国」と呼べるのは私にとっては日本が最も近いのだろう。それまで何万回も「俺は韓国人やから」と言ってきたが、ソウルの街を歩きながらそうではないことを痛感した。

行き交う人々と私の共通点は国籍のみ。あとは異文化だ。〝自分と同じ〟なんて1ミリも思えない。顔立ちは韓国人で通るようで何回か日本の旅行客に韓国語で話しかけられた。店員も韓国語で〝普通に〟話しかけてくる。そのたび私は日本語で対応した。

「韓国人（籍）が韓国で日本語しか話せない図」。一体私は何者なのだろう。現地の韓国人からすれば、私は何者で何人なのだろう。

「コリアンジャパニーズ」、そう自分を表現する在日コリアンの方もいる。

……「ジャパニーズ？」――自分がジャパニーズを名乗ってよいものなのか。

「コリアン？」――どこがコリアン？　国籍と父方の民族性は確かにコリアン。でも行き交うソウルの人々を尻目に〈自分もコリアン？〉とは思えなかった。

日本人でも韓国人でもなく、「在日韓国人」である自分の社会的立場とその少数性を感じずにはいられなかった3泊4日。ソウルに行ったせいで、ますます「自分が何者か」わからなくなった。

〈わからへんならわからへんなりに、少数者やからこそ思いっきり教壇で魂ぶつけたる〉

ソウルの街角に立つ私のソウルは熱かった。

ソウルでこれだけはしてみたかったこと――それは瞼《まぶた》の上にきゅうりを乗せるやつだ。女性のファッション誌でたまに見かける韓国エステか何かの。実際にやってみたが、瞼が冷たいだけだった。この旅で、自分がキリギリスではないことだけはわかった。

国旗・国歌を考える

ソウルから帰ってきても、私のソウルはまだ熱かった。その理由は現地で目の当たりにした自分の〝韓国人要素〟の薄さと〝日本人要素〟の濃さ。アイデンティティの揺らぎがそうさせたのだろう。自ら焚《た》きつけないと温度が低くなって消えてしまいそうな私の韓国人成分。それを無理に沸騰させている自分がそこにはいた。

もう一つ、私の内面で沸騰していたもの。それは「はよ教育現場に立たせんかい！」という勝手な気持ちだ。19歳で家庭教師をしてからというもの、5年以上目の前の子どもに必死になっていた私に突如訪れた空白期間。どこでも何でもいいから小学生や中学生と関わりたかった。たった半年の講師経験で〈小学生と関わりたい〉なんて思いになるのだと自分でも驚いた。

そんな私に講師の依頼が来た。ある小学校で12月1日から3月30日までの4ヵ月間、5年生の担任として。

「担任!?」

驚きのあまり声が出た。担任はしたかったけど自分にできるかどうか不安もあった。が、初日に子どもたちの顔を見るとそんな不安は吹き飛んだ。

落ち着きがあり少し大人びていて、それでいて無邪気な小学生らしい小学生。校長先生も教頭先生も同僚の先生方も、本当に私に優しくしてくださった。初めての学級担任はすべての教職員の方々にサポートしていただける中でのものだったので、四苦八苦しながらも前向きにがんばることができた。

任期も終わりに近づいた3月のある日、上司に呼び出されこんなことを告げられた。

「卒業式では国歌の際に起立をしてほしい」

……いきなり何を言うとるんじゃい！　である。私は起立しようと決めていた。国旗や国歌の背景にあるものや歴史に対しては一定の知識をもっているつもりだ。それでも起立しようと腹を括っていた。起立した私を見て、亡くなったハンメやハイベ（祖父）が悲しむとはとうてい思えない。きっと理解してくれるだろう。

「在日コリアンとして日本国の国歌・国旗に対して敬意を表わすなど言語道断！」という意見を頂戴したこともあるが、国歌・国旗に対して敬意を払うことと、公教育の場において各式の厳粛な進行やその場に列席している方々に敬意を払うことは、それとは別次元の話だ。

国歌斉唱の際に私が着席をすることで、そこに参列されている保護者の中に一人でも不快感を覚える方がいるのであれば、私の政治的信条よりもそちらを優先して起立しようと考えそうしている。私は公務員であり、式の最中も公僕の自覚があるからそうしているのだ。

私は公教育の式典において国歌斉唱することを絶対視しないし必要だとも思わない。諸外国を見ても同じように国歌斉唱している国は多くない。グローバルな視点で見てもスタンダードな式の在り方ではないだろう。〝日本独自の文化〟ということで国歌斉唱をするというのであれば、私は賛成も反対もしない。そこに力を入れて断固反対する必要性も感じないからだ。

ただし、外国籍住民はこの間増加し続けている。より一層、日本の教育現場でも児童・生徒の背景にある文化が多様化することは間違いない。そういった多様な背景をもつ児童・生徒の心情に思いを巡らし配慮を怠らないようにすることは、公務員としての、教師としての責務だと考える。

さて、話を元に戻すと、その上司は尊敬できる良い方だった。真剣に話に耳を傾けていると、上司は話の最後を優しい表情と優しい言い回しで、こんな言葉で締め括られた。

「李先生が校長になる頃には、民族差別もなくなっているよ」

…………。私が言葉にできない思いに駆られたことは想像してもらえると思う。

小学生の頃から「りーくんが大人になったときには差別なんてなくなってるよ」と大人たちに散々言われて育ってきた私は、24歳の冬に「校長になる頃には」と告げられたのだ。

貧弱なオールを片手に、社会という大海原に向かって自分をぶつけようと意気込む社会人1年目の私が感じた無力感はとんでもなかった。尊敬でき実績を挙げていると評判の方でもこんな風に私に言うのか。

すべての民族差別をなくせなどと無理難題を要求するつもりなど毛頭ない。ただただ「少なくとも差別事象はなくせる」よう実践する人であってほしかった。「一人一人の周りから差別事象をなくしていけばおのずと……」といった言葉がほしかった。

それが、私のオールを完膚なきまでにバキバキに折ってしまいそうな言葉「校長になる頃には」である。

〈私は校長にはなれません……。っていうか教頭にもなれません……〉

何とかオール（背筋）が折れないように、いや、むしろピンと伸ばしてスマイル（引きつっていたと思うが）で話を聞いていた。私の採用の在り方についても知らないのか。当時は知らされてもいなかったのか。それはわからないが、とにもかくにも悲しかった。

マイノリティを取り巻く差別は日本社会の問題であり、私個人の問題ではない。行政が必要だと判断した場合は、国籍にかかわらず校長になれるよう主体的に行動してほしい。一人一人が「任期の期限を附さない常勤講師」の在り方について考えてほしい。そんな風に、ただただピュアに感じていた。

初めて5年生担任として臨んだ卒業式。国歌斉唱の際に起立し、オール（背筋）をピンと立たせていた私の心のオールはバッキバキだった。言葉にできない思いを胸にその小学校を後にした。

辞令交付式で

4月1日、晴れて私は京都市教育委員会に「任期の期限を附さない常勤講師」として採用していただくことになった。山形先生に小学校教師を勧められてから2年余り。短いようで長い2年間だった。初めて勤務した桃嶺台小学校で半年ぶりに勤務できることになったことは、この上ない喜びだった。

そして、その年度の辞令交付式において、新規採用者331名の代表として私が決意表明をすることになった。大変恐縮ながらも使命感に満ち溢れ、その日の朝、打ち合わせのため早めに総合教育センターに赴いた。

打ち合わせで採用担当の方が「新規採用者代表　京都市立桃嶺台小学校　教諭　李大佑」で締めくくるようにと確認された。私は〈教諭……、なんか嘘をついているようで言いづらいな……〉と思ったので、担当者の方に丁重にその旨をお伝えした。

すると、新規採用者が口ごたえをしたように受け止められてしまったのか、

「こういうときは　教諭なんや！」

と叱られた。

……これをお読みの皆さん。〝悶絶〟以上の言葉は何ですか？　気絶でしょうか??

その瞬間の私は、気絶しそうになるほどの衝撃を受けた。

現在よりもピュアだった私は〈「こういうときは教諭」やったら「どういうときは常勤講師（正規）」になるんですか　私の立場はいったい何なのですか……〉と、立ち上がることができないほどショックを受けた。しかし、生来チキンな私はその場を「すみません！」と謝罪し乗りきり、決意表明も何とか終えることができた。

あれから20年近く経ったが、この話をこれまで公の場でしたことはない。しかし、このエピソードを黙ったままにすることは〝多くのマイノリティ〟に隠し事をしているようで嫌なので、ここに書くことにした。

行政批判のために書くのでは決してない。むしろ、行政を十把一絡げに捉えて敵に回すようなことを私はしたくない。この20年近い年月で、特に京都市教育委員会には大切にしてきていただいたと感じている。

マイノリティの私から見ればマイノリティの人権を守るために、いろいろな方策や手段があっていいと思う。行政や管理職に対決姿勢を示し、権利や立場を勝ちとっていくのも一つの

手段である。そういった方々がおられるからこそ、現在私がこうして採用してもらい教壇に立つことができているのであろう。

ただ、私は「外国籍教員の常勤講師採用問題」への抗い方についてだけ言えば超ハト派の姿勢を貫いてきた。もちろん、闘ってくれている方々に感謝し、申し訳ない気持ちでいっぱいになりながらである。

私は学校現場で必要とされる人間になることを心がけてがんばってきたつもりだ。「外国籍教員が主任級になる必然性」を感じてもらえるように日々がんばることが、ハトな私の闘い方の一つである。

第5章　小学校で悪戦苦闘

何もかもうまくいかない

新規採用1年目、私は5年生担任を命じられた。まだ春休みの校長室で池田校長から「思いっきりやったらええ。女子との関係をうまく作らんとあかんぞ。そこから学級経営が崩れる可能性は頭に入れておくように」と言われた。

始業式、担任発表で私の名前が呼ばれると、5年2組の子どもたちからは歓声が起こった。恥ずかしくもうれしかった。

ゴールデンウィークが明け家庭訪問期間が終わるくらいまでは順調だと感じていた。春先特有の緊張感が残っているこの時期には、よほどのことがない限りクラスが荒れるようなことはない。

そこからはどんどん仕事が忙しくなる。毎日の授業準備、研究発表に向けた校内研究体制の本格始動、新規採用者の研修や課題提出、そして毎日のように生徒指導に追われ、ほぼ毎日家庭訪問に追われた。毎日22時過ぎまで学校にいた。週に一度か二度は23時を過ぎた。土日もほぼ出勤をした。それでも仕事はなくならない。

見る見るうちに学級経営がしんどくなっていった。始業式の歓声はほぼ男の子からのものだったと思う。男子児童との人間関係は〝若さとノリ〟だけで何とか維持できていた。

これが女子児童相手となるとそうはいかない。決して人間を「女と男」の二分法のみで捉えているのではない。そのことも踏まえて誤解を恐れずに言うなら、女子児童の扱いはめちゃくちゃ難しかった。教室内に心を開いてくれている女子など一人もいなかった。

9月には、池田校長のおっしゃる「可能性」は的中していた。まず学習指導（授業）が全くうまくいかない。知識も経験も乏しいので当然の帰結だ。だから児童は私に反感を示す。それに対してど真ん中の、どストレートで全力投球する私。11歳の女子児童に対してである。そんな球に対してミットを構える女子など普通いない。もちろん見送りフォアボール。ど真ん中なのにボール判定。

そこらで気がつけばいいのに、私は怒り狂ってより一層のど真ん中、投げる際の黒目には炎が燃え盛っている始末。女子たちはネクストバッターズサークルで我関せずとおしゃべりをしている。

そうなることは必然であった。女子児童の気持ちを推し量る術《すべ》も、そのような概念すらも当時の私にはなかったからだ。

高校時代、同じソックスで10日間の菅平合宿を終えるような強者《つわもの》や、朝起きたら首の皮がむけすぎて枕と一体化しているような同志がいた。同じ機械科約80名中、女子は2名だった。

そんな環境で過ごしてきた私は「誰々ちゃんが交換日記に悪口を書いていたらしい」とか「私が先に買って持っていた○○シリーズの筆箱を誰々ちゃんは勝手に買ってはった」といった不満を拾い上げ、人間関係の交通整理をする器量も意識ももっていなかった。

その無意識が私の毛穴から放出されまくっていたのだと思う。女子児童との距離はセンターからキャッチャーぐらい遠かった。

秋頃のこと、隣の多目的教室の黒板についに、

「李大佑死ね。なんで生きてんねん」

と書かれた。

誰が書いたのかはおおよそ察しがついた。決めつけるわけにはいかなかったので、クラス全体の前で熱く熱く語った。「自分は傷ついている。教師も一人の人間だ」というようなメッセージを、尾崎豊よろしくノンメロディアスにしゃがれた声でシャウトした。

傷ついていたのは私ではなくクラスの子どもたちである。一人の人間として4月から真面目に授業を受けていたのに、わかりにくい指導のオンパレード。子どもであるがゆえにピュアに傷ついていただろう、「李先生、先生なのだからもっとしっかりしてくれよ」と。

そんな気持ちを汲み取れない私はどんどん悪循環に陥っていった。指導すればするほど心の距離が離れる。家庭訪問して保護者に理解を求めても理解してもらえるわけもない。理解ではなく〝李解〟だったのだから。私は私を棚に上げて大上段から指導をしていた。

そうこうしているうちに、男子児童との関係も決して良いと言えるものではなくなっていった。5年生の学年末、子どもたちに「李先生への通知表」を書いてもらった。一番手を焼いた女子児童に「カバ。私が嫌いな動物だから」と書かれた。

この頃たびたびしんどい気持ちになったのは、自分のことを「すごい」と言ってもらえることだった。地元の友達や先輩後輩、おっちゃんやおばちゃんに「李くんすごいやん！」と言ってもらえる。ラグビー部の仲間や関係するすべての人にも同じように言ってもらえる。

とてもありがたい話なのだが、そこに通底していたのは「在日として民族名で臆することなく公立校の教壇に立つ」私の気概や馬力への賛辞であった。

そのたびに「ありがとう」を示しながらも心の中で、

〈担任として教師として全くうまくいってないし……なんか申し訳ない気持ちになるな……〉

と葛藤していた。

そんな時期にたまたま合コンで、朝鮮学校を卒業した女性と知り合った。「公立の先生やってるん！　すごいやん！」という話から意気投合し、二次会は少人数で行くことになった。私はお酒が弱いのでそんなに飲まないのだが、二次会ともなるとお酒の力も借りてか本音も出てきやすい。

盛り上がる中、朝鮮学校出身のその女性が私に対してこんな風に言った。

「民族名で（公立学校の）先生までやってるほどやのに、なんで民族学校出身じゃないの？あんたな、日本人でも朝鮮人でもないねん。なんか中途半端やねん」

言われた瞬間、ドキッとした。とにかくその場は適当に切り上げたが、その日から何日もその言葉が頭から離れなかった。教師業がうまくいっていないこともあって、かなりセンチメンタルにその言葉を受け止めていた。

同じ頃、終学活いわゆる「終わりの会」で、クラスのリーダー性の高い子がクラス全体の前でこう言った。

「明日はオーストラリア戦。だからみんなで一緒に日本を応援しましょう！」

クラスは盛り上がった。当然だと思う。日本中がサッカーワールドカップに沸いていた時期だったからだ。

先述したように「すごくないのにすごいと言ってもらえる」ことと「日本人でもなければ朝鮮人でもない」ことにセンチメンタルになっていた私は、何気ないこの呼びかけが心に突き刺さった。

〈教室のみんな（子どもたち）は、「みんな」の中に俺も入ってると思ってるんやろな。無自覚に。当たり前のこととして。でも俺はその「みんな」の中に入る権利はあるんかな〉

そんな風にその日の夜は考え込んでいた。

もちろんサッカー日本代表を応援する権利は誰にでもあるだろう。私が深く傷ついたのは、声かけをした子やクラスの雰囲気が「日本を応援するのは当然。ここは日本だから。みんな日本人だから」という大前提に拠って立っていたからだった。

こういった空気が様々なマイノリティを苦しめる原因になっているのだろうなと思った。在日コリアンだけの問題ではない。教室内にマイノリティはいないものとする大前提によって人権問題を語る子どもたちの姿をこれまで何度も目にしてきた。悲しいかな、先生の中にもそういう大前提をもって振る舞っている方もいる。

〈俺は日本人ではない。かといって韓国人でもない。ワールドカップも日韓どちらの国も応援しようという気になれない。俺はなに人なんやったっけ。あの子の言う通りや〉

あの女性に言われた言葉とクラスの子の言葉が何度も頭の中をリフレインしていた。

そんなこんなでも、何とか5年生担任をやりきることができた春休み。この時期、校内人事について校長先生と校長室で一人ずつ面会し、次年度の役職や主だった仕事について任命される。ところが私だけ和室に呼び出された。

池田校長は開口一番、

「お前はこの1年何をしてきたのか。反省をして必ず次年度に生かすように。お前には期待をしている」

と告げられた。担任として残念で散々な1年間だったが、それでも池田先生は「期待をしている」という言葉で締め括られた。

この期待に応えるためにがんばるしかない。残された道は学級経営を見直し自分自身を振り返り、もう一度原点や大義に返って自分の在りようを模索するしかない。そんなことを職員室に戻る廊下で考えていた。池田先生が和室に呼び出したのは、あの時の私には校長室では上から下へのトップダウンの指導のように感じられ、激励と受け止められないだろう、そんなことを見越しての配慮だったのだと思う。

池田校長以外にも同僚の先生方にたくさん支えてもらった。当時の教頭先生もその中の一人だ。教頭先生はクレバーなオーラをまとい切れ味鋭い仕事のできる、かっこいい先生だった。教科指導や生徒指導の理論家で実践も伴っていた。クレバーな見た目とは裏腹にものすごく熱い方であり厳しい方でもあった。当然私には誰よりも厳しく、そして誰よりも温かく接してもらったと思う。

職員室で何度か大きな声で叱ってももらえた。「子どもに対して失礼や。謝ってこい」。忙しさにかまけて教材研究や児童の背景を洞察することを怠っていた私を厳しく導いてくれた。厳しさと温かさのバランスについて多くのことを学んだと思う。

教頭先生を真似して、私も子どもたちが毎日提出してくる宿題の余白にできる限りコメントを書く習慣をつけた。そのおかげで全く休み時間がなくなったが、児童一人一人との距離は詰まったように思う。

それだけではない。教頭先生は社会構造の一つとして差別があること、それへの憤り、差別を許さない道徳観や倫理観の大切さはもちろんのこと、方法論として反差別を実践することとなどについても、まさに先生の在りようすべてで伝えてくれた。

担任1年目の悩める子羊だった私を支えてくれた存在は多かった。上司以外にも家族や同期採用の仲間、地元の友達や高校時代の同級生など多くの人に支えてもらえた。その中でも私の精神的支柱であり精神安定剤であり、時には熱すぎて篤すぎて困る光化学スモッグのような存在が、大島淳史（現・京都工学院高校ラグビー部監督）である。

彼との初めての出会いは、高校3年生になる春休みに行われた福井県若狭での春合宿である。2学年下の大島は、京都中学校選抜のキャプテンとして鳴り物入りで入部してきたが、その謙虚でユーモア溢れる人間性は特筆たるもので、私の心はすぐに奪われた。すぐに意気投合し、気がつけば日本海をバックに夢を語り合っていた。

彼は出会ったその日に「僕は中学校の体育教師になりたいんです」と言った。私は「俺も同じや」と言った。あれから25年経ったが、お互いにあの日よりも純粋さに磨きをかけて毎日教壇に立っている自負がある。

高校3年生時にキャプテンとして伏見工業高校ラグビー部3度目の全国制覇に大貢献した彼は日本体育大学に進学。卒業後、京都市立中学校に赴任する。担任1年目としては同期だった。

毎週末、銭湯に行ってから飲みに行くというルーティンを崩さなかった。ひどい時には週2回、いや、3回会う週もあったように思う。お互いにその週にあった出来事を語り明かした。児童・生徒や保護者とどんな風に関わったか、教育現場特有の悩みや困りは何か。

二人とも、語り合うことで気持ちを整理していたのだと思う。毎週、それこそ鉄火場のように熱かった。そうすることで毎日がんばれた自分がいた。おそらく彼もそうだったのだろう。小学校現場にいながらも、いつかは中学校教師としてがんばりたいという夢を捨てなかったのは、大島という存在が身近にあったことが大きい。

悩みに悩み苦しんだ担任1年目だったが唯一、達成感や充実感を存分に感じた出来事があった。伏見工業高校ラグビー部が4度目の全国制覇を成し遂げたのである。伏見中学校で教えた7名がレギュラーメンバーとして活躍してくれた。自分が立てなかった花園ラグビー場にたくさんの思い出を共有した教え子が立っている。一戦一戦、緊張感ある試合を帯同コーチとして見守った。

準々決勝、ロスタイムにラストワンプレーで逆転した際に、隣で観ていた大島と本能的に抱き合って喜んだのだが、社会人1年目の彼の包容力は大学ラグビー対抗戦1部のそれであり、あまりの筋力に本気で息が止まりかけた。喜びよりも黄泉《よみ》の国から戻ってきた安堵感の方が大きかった。

それからもずっと大島とは一緒に走り続けてきた感が大きい。今では生徒や保護者の前では「大島先生」と「李先生」と呼び合う仲だが、ずっと「後輩と先輩」であり互いの呼び方も変わっていない。

出会って10年目、後輩は「スイートテンの指輪でも作りましょうか」と言った。笑顔だったが目は笑っていなかった。指輪は冗談だとしても、お互いの心の中にはダイアモンド以上に輝いているものをもっているつもりだ。これからも採石していきたい。磨かれるべき原石や、そのままいけば社会構造の低位に位置づけられ埋もれてしまう原石たちを。

〝大島先生〟と最も共鳴し合うのはその立脚点である。教育者でありたいと思う。社会に自己をぶつける存在でありたいと思う。特に社会的弱者のために。

「李大佑にしかできないことがある」

採用2年目、引き続き同じクラスを担任できることになった。反省ばかりの1年だったが担任として1年間過ごしたことで見通しをもつことができ、1年前の春よりは精神的に余裕があった。

5年生担任の1年間、最も関係づくりで苦しんだ女子児童がいた。「カバ」と書いた涼子である。クラス全員の前でカミナリを落としてからというもの、涼子は完全に私のことを避けて過ごすようになった。

もちろんカミナリを落とした日の放課後、フォローも入れた。翌日の宿題ノートにびっしりと私の想いを書き込んだ。しかし、その次の日に提出されたノートは私の想いを書いた部分が破られていた。また想いを書いた。破られた。その繰り返しだった。

涼子が友達を無視したり仲間はずれにしたりするたびに、クラスメイトの前で叱りつけ、後から別室でなだめ続けた。自分の引き出しの中にある、たった一つの指導法だった。

6年生の4月から涼子を焦点化して学級経営をするようになった。その頃の私が教頭先生に提出した指導計画書の裏面にはこんな風に綴られている。

「この1年、自分の色を出すことばかり、発信ばかりしていました。子どもたちとの距離感に表れていることを認め、反省します」

教頭先生はこう書き添えてくれた。

「教師の仕事は、絶えず自己との対話、対決なのではないでしょうか」

このやりとりは2008年3月に、読売新聞が私を特集して書いてくれた記事から抜粋したものだ（読売新聞2008年3月24〜27日付）。その取材時、教頭先生は記者に、

「授業でも生徒指導でも、自分の思いを伝えるだけ。子ども自身に考えさせ、次の行動を引き出す、真の意味での指導ではない」

と、当時の私について振り返ってくれている。

まさにその通りだった。当時の私はクラスの子どもたちに対して「話すだけ、語るだけ、伝えるだけ」しかできない教師だった。子ども同士で「話し合わせ、語り合わせ、伝え合わせる」ことができない。できないというか、そのことに恐怖心を抱いていた。

子どもたちの話し合いがコントロールできない方向に向かったときにはどうすればいいのか、子どもたちが連帯して担任である私に牙を剥《む》いてきたらどう対処すればいいのか、そんなことが心配だった。だから、子どもたちに考えさせることなく自分ばかりがベラベラしゃべっているような状況が生まれた。

「熱い教師」や「俺についてこい！」という自己イメージだったが、振り返れば、誰もついて

きていないことに気づかない自己満足の勘違い教師だった。

自分自身が小学5年生の頃に学級崩壊を主導した経験が作用しているところもあると思う。心の深層では〈自分がしたようにされたらどうしよう〉と臆病になっていたのだろう。

この頃、山形先生が年に2回主催されている私塾に参加していた。山形先生はいつもの鋭い動物的感覚で即座に見抜かれたのだと思う。「李くん、元気がないな。上手くいっていないな」と。山形先生は私を横に座らせて、まずは私の現状や思いを語らせるところから始められた。

そしてこんな風に語られた。

「李くん、わしの学校にな、生徒指導が苦手な先生がいたんや。その先生はな、生徒と関わること全般が苦手やねん。そやからな、教師として自信がなかったんや。わしはその先生を校長室に呼んで何て言うたかわかるか？『先生、先生はな、園芸が得意やろ。学校中を花いっぱいにして綺麗に咲かせてくれ。そこで勝負してくれ。生徒指導は得意な先生に任せたらええ。生徒指導せんでええ』。そうしたらな、その先生目の色変えて園芸をがんばってくれてな、学校中が花いっぱいできれいになったんや。そうなったらヤンチャな生徒も喜ぶやろ。そこですかさず全校集会で『このいっぱいの花は○○先生が咲かせてくれたんや！』って言うねん。そうしたら、ヤンチャな生徒がその先生を見る目も変わってな。その先生も徐々に生徒と関わることに喜びを感じてくれていったんや」

「李くん、誰しも持ち味いうもんがある。得意なところ、長所で勝負せなあかん。李大佑には李大佑にしかできひんことがある。悩んだらいつでも言うてこい。がんばるんやで」

ほとんど返事すらできなかった。心臓を摑まれたようで身動きがとれなかった。それほどまでに山形先生の言葉が、思い悩んでいる私の胸のど真ん中に突き刺さった。

〈山形先生の言う通りや。できひん自分にとらわれてる。子ども一人一人の持ち味、自分の持ち味にまなざしを向けられてへん〉

その日の晩、山形先生の言葉を思い浮かべて自問自答した。

〈覚悟が足りない。小学校教師としてやっていく覚悟がないから中途半端な向き合い方で終わってる。本気で向き合お。本気で好きになろ。覚悟してやる〉

腹を括った。やりきろうと決めた。中学校現場に未練タラタラの自分を蹴っ飛ばしてやりたいくらいに。


そこからは、担任として目の前の子どもたちに没頭できた。とにかく女子児童との距離感を何とかしようと試みた。四苦八苦しながらも少しずつ距離を詰めることができた。最初は一言も話してくれない、目も合わせてくれない子であっても、コツコツとメッセージを書いたり褒め言葉を投げかけたりすることで、徐々に人間関係ができてきた。男女にかかわらず「一対一」で話をする機会を意図的につくった。

少しずつだが確実にその効果を実感できた。どんな個性や特性の子であっても「自分を見てほしい」のには変わりないのだと実践から学んだ。小学生の頃、誰よりも自分のことを見てほしかった私だからこそ強く実感できたのだろう。

教頭先生はそっと背中を押してくれた。

「教師が語らないこと。相手が語りたくなるような言葉かけ、表情、態度です」

10月、涼子も少しずつ心を開いてくれるようになってきた。目が合う、うなずく、小声でも挨拶をする、挙手をする……、少しの変化が私のモチベーションに火をつける。それまでならそこで目に炎をたぎらせて語りに入るところだったが、遠くから見守ることを覚えた。

1月、初めて送り出す卒業生たち一人一人に手紙を贈ろうと決めた。伏見中学校で外部コーチをしている際、何度も何枚も手紙を書いた。その時の思いと同じように、手紙を通して夢を語ろうと思った。夜中に手紙を書くことで汗をかこうと思った。子どもたちのために。

涼子にはこう書いた。

「涼子、悪かったな。みんなの前で怒って、涼子の心を傷つけたな。でもな、みんな、涼子のことを素敵やと思ってるで。もっともっともっともっと、自分のことを好きになってほしい」

初めて送り出す卒業式。式が終わり退場の際に起立させようとしたときの、男子児童がこちらを見つめる表情を今でも鮮明に覚えている。目が合った瞬間、私の目から滝のように涙がこぼれ落ちた。教室で一人ずつ呼名して卒業証書を手渡し握手した。女子たちも自然と握手してくれた。

涼子の番になったとき、迷いなく手を差し出すと向こうも応じてくれた。笑顔も見せてくれた。お母さんも後ろで笑顔を見せてくれた。

連日遅くに家庭訪問したときも、頑なで教師力のかけらもない私の言葉に耳を傾けてくれたお母さん。後日、読売新聞の連載にこんな風に寄せてくれ掲載された。

「見て見ぬ振りをする先生もいるのに、李先生は熱心に娘のことを気にして何度も足を運んでくれ、いろいろ話してくれました」

「家では娘と、李先生の話をたまにしています。連載記事は時期が来れば、娘に読ませたいと思います。李先生には、いつまでも熱血教師でいてほしい」


「よくがんばったな。みんなのこと、本気で好きやったで」

初めて送り出す卒業生たちにそう伝え、教室を後にした。

職員室に戻り、教職員集合の際に教頭先生はこうおっしゃった。

「最後の李先生の涙を見てこみ上げるものがありました」

私への最高の賛辞だと受け取った。池田校長は、

「ご苦労さん。これからもお前は明るい在日コリアン教師でいてほしい。前向きに明るく歩む姿を見せてほしい。ようがんばったな。お前は期待の星や」

と言ってくれた。涙が出た。

一人で教室に戻ると腰が抜けた。

〈ほんまにいいひんようになるんや……〉

初めて卒業生を送り出した後のあんな純粋な気持ちには、もう二度とならないのだろう。

チョーセンが先生に変わる日

「わかってるやろうけど、次の学年は厳しいぞ。厳しいいうことは元気な子がいっぱいおるちゅうことや。期待してるから。がんばってくれよ」

次年度に向けての池田校長の話の後、校長室を出て会議室前の短い廊下を歩きながら腹を括り直したのをはっきりと覚えている。

その日から遡ること1ヵ月半ほど前。2月のある日、同僚と校区内で晩ごはんを食べていたときのことだ。地域の人と談笑しながらお酒を飲んでいると、背の高い男性が会話に寄ってきた。酔っていたのはすぐにわかった。開口一番私にこう言った。

「チョーセン　チョーセン」

この男性は私のことを知っていた。私もこの男性を知っていた。というのも、一昨年の運動会の際に、この男性に教員が蹴られたり詰め寄られたりしたからだ。

地域の人は私を気にかけ、「李先生、この人アホやから気にしんときや（笑）」と言ってくれた。気にはしたくないが、気になってしょうがなかった。

というか、頭の中は真っ白だった。民族差別がどうとかいうことではなく、単純にこの男性は威圧的で恐かった。同僚も私を気にかけて小声で笑顔で励ましてくれた。

「恐いなぁ。来年はこの人の子を担任するんと違うか（笑）」

全く笑えなかった。その男性の息子は当時小学2年生だった。

4月、案の定、その子のクラスを担当することになった。覚悟を決めて始業式に臨んだ。整列している（はずの）子どもたちを前から見てすぐにわかった。香ばしいほど、横着な子がいっぱいいいた。あの男性の子はもちろん突出していたが、負けず劣らずの子が他にもまだ数人いる。気を失いそうになった。

中学時代の恩師である井上敬治先生は「入学式の日につかみ合いになった。それでも3年間面倒見た」とよくおっしゃっていた。恩師は校内暴力が社会問題になっていた頃の中学生や高校生を相手に奮闘されていたことを思うと、私の相手は小学3年生。屁でもない……はずだった。

その日から悪戦苦闘が始まった。〈思いっきりやってやる。自分をぶつけてやる〉とめちゃくちゃ意気込んでいた。教室で改めて出会う3年生の子どもたち。純粋で素直で子どもらしく、時に横着でヤンチャでおちゃめで、やりがいしかない相手だった。

担任発表を終えた夕方、あの男性に挨拶をするために家庭訪問した。「攻撃は最大の防御」であることはラグビーを通して私の血と骨の中に溶け込んでいたからだ。家に向かう道すがら、足の震えが止まらなかった。腹を括った以上、攻めるしかない。

深呼吸してからドアをノックした。おばあちゃんが出てきた。この日はまだ帰ってきてないという。明日来てほしいと言ってくれた。終始丁寧だった。

次の日の夕方、再度家庭訪問した。ドアをノックすると男性の声が聞こえてきた。「はーい。

入って」。部屋に入るとすでにあの男性は酔っていた。この瞬間から一保護者〝お父さん〟としての付き合いが始まった。開口一番こう言った。

「よろしゅう頼むわ。チョーセン」

終始笑顔だった。言葉遣いは悪かったし何度も「チョーセン」と言ったが、悪い気は一つもしなかった。何か感じるところがあった。

「腹括ってやります。手抜きません。息子さんのためにがんばります」

と伝えた。帰り際、笑顔で「チョーセン頼むわ」と言われた。ベロベロだった。

その日から、ほぼ毎日家庭訪問することになる。できるだけ夕方には行くようにしたが、どの日もほぼすでに酔っていた。機嫌が悪い日は「帰って！」と大声で一蹴されることもあった。でも少しずつ少しずつお父さんとの距離が縮まっていく手応えがあった。教頭先生の教えを心の中でリフレインさせて「お父さんの思いを語らせること」に集中した。

夏の日のある日、その日も家庭訪問すると「先生、座ってえや」とお父さんは言ってくれた。ノックせずにドアを開けられる〝関係〟にまでなっていた。チョーセンではなく「先生」と呼んでくれるまでになった。お父さんは発泡酒をあけて一口飲んだ。私にも〝菓子パンと発泡酒〟を出してくれた。最大級のもてなしだった。

「先生、おおきにな。先生には感謝してんねん。うちの坊主も、先生恐いけど好きみたいや。どついてもええから。よろしゅう頼むわ」

荒い言葉だったが最高に感動した。

この日を境に、酔ってない日は必ず私に語ってくれた。子どものことではなく、ほとんどがお父さん自身のヒストリーだった。

「わしが中学生の頃、めちゃくちゃ恐い先生がおったんや。バレーボールの顧問でな。ようどつかれたわ。わしは野球やっとったけど。その先生な、毎日晩飯作ってくれんねん。団地の一室でな。晩飯ない家の子いっぱいおるやん。わしもよう食わせてもらった。カレーみんなで食うてな。忘れられへん。恐い先生やったけど、おもろいし、しゃべんの上手いし、何より温かったわ」

「李先生な、被るねん。わしの好きやったあの先生と」

2学期になった頃には、お父さん自身の苦しい過去や気持ちまで話してくれるようになった。

「横着やった。ヤンチャしてもうた。反省してるんや。いろいろあったし、いろいろやってしもた。迷惑かけた。息子にはちゃんとやってもらいたいんや」

「悪いことしたら、どついたってくれ」が口癖のお父さんの握り拳には小指が1本欠けていた。怖くなかった。その握り拳から、お父さんがこれまで歩んできた苦しい人生を想像できた。自分の家族、特にハイベとハンメの苦しさに自然とシンクロさせている自分がいた。

「働き方改革」などという言葉はもちろんない時代で、遅くとも朝7時から早くとも夜22時までが〝定時〟だった。遅い日は0時を回った。土日の出勤もざらだった。月150時間は残業していたと思う。でも1秒たりとも残業だと感じたことはなかった。趣味というかライフスタイルというか、道楽とでもいうのか。身体は悲鳴をあげていたが心は充実感で満ち溢れていた。

その子のリコーダーの練習ができていない日は、お父さんと一緒に晩ごはんを食べている居酒屋まで行ってカウンターで練習させた。遅刻が続いたときには「先生、泊まるし」と、脅しでも何でもなく本当に泊まった。おばあちゃんが鍋をしてくれた。地域のお父さんお母さんも一緒に鍋を囲んでくれた。

その団地には風呂がなかったがシャワーをつけている部屋もあった。私が泊まると聞きつけた近所のお母さんが「先生、シャワー浴びいな」と言ってくれた。心からうれしかった。

お父さんの部屋に戻ると夜な夜な「恐かったバレーボール部顧問」の先生の話に花を咲かせた。ヤンチャなお父さんの目はまさに子どもの目だった。輝いていた。一人息子はもちろん、同じ団地で暮らす年下の子も一緒に川の字になって寝た。翌朝、誰も遅刻しなかった。

今、このご時世にこんなことはできない。そして、これは教育とも呼べない代物だと思う。社会貢献……でもないとは思うが、ほんの少しだけ地域貢献にはなったと思う。保護者や地域からの理解を得るためにはこちらから理解しようと歩み寄る必要がある。そのことを文字通り身体で覚えた経験だった。

苦しい毎日だったが、救いは一人息子の人間性だった。確かにヤンチャだった。自転車も盗るしたばこも吸うし、校外学習では他校の児童に喧嘩を売り殴ったこともあった。それでも純粋で一本気で真っすぐな子だった。やってしまったことは素直に認めた。クラスや学年の子たちにも認められていた。私も認めていた。心から愛していたと自信をもって言える。

それと同じくらい「チョーセン」と言ったあのお父さんが、私のことを認めてくれた。在りし日の自分の恩師と私を重ね愛してくれた。私はたまたまその恩師の方を知っていたので、感謝の気持ちを伝えた。大先輩の熱血教師に当時の子どもたちはもちろん、私も助けてもらった格好だ。

現在でも、なかなか距離を詰められない保護者はいる。悩むこともある。そんな時には、このお父さんとの日々を思い出す。

〈きっとわかりあえる。必ずわかりあえる〉

お父さんの笑顔と言葉とあの握り拳が、私の心の中で生き続けている。

子どもが背負う重荷

腹を括ってからの1年間。小学校の担任は3年生、4年生と2年間持ち上がり、5年生からは違う担任が受け持つのが一般的だ。しかし、この学年だけは1年を経たずして〈たぶん、俺が卒業までもつんやろうな〉と感じていた。池田校長も「卒業までを視野に入れた指導をするように」とおっしゃった。これでさらに腹を括ることになった。

それは、先述した男子児童はもちろん、他にも厳しい背景をもつ子が何人もいたからだ。

放課後いくつもの家庭を訪問して回る毎日だった。晩ごはんは食べているのか、家はぐちゃぐちゃになっていないか、親と喧嘩していないか、遅くまで出歩いていないか。教育力が乏しい家庭がいくつもあった。

そんな家庭の保護者たちを一人たりとも嫌いになったことはなかった。教師である私に初対面では愛想が悪いのが定番だ。保護者たちはみんな社会から愛してもらえなかった経験がある人ばかりだった。周縁化せずにいられなかった人ばかりだったと思う。だから教師や福祉の担当者に対して愛想が悪くなってしまう。

中でも厳しい実態の女子児童がいた。この子を貴理子と呼ぼう。3年生から6年生までの4年間、卒業するまで担任をした。「担任」の役割と言われて浮かぶ一般的なイメージは「教科指導」であったり「生活指導」であったりするのだろう。貴理子に私がしていたことはそんなことよりも、厳しい社会や人生を生き抜く「サバイバル指導」だった。社会で生きるうえで悪戦苦闘している一人の女子児童と、その子に向き合うことに一日24時間悪戦苦闘している私、まさに二人の〝闘い〟だった。

貴理子は4年生の2学期くらいまでは幼くて可愛らしい雰囲気の子だった。愛想も良く「せんせい　せんせい」と寄ってきてくれる数少ない女子の一人だった。しかし3学期ごろから一気に態度も姿勢も変わっていった。いわゆる「不良娘」が出来上がるまで1ヵ月もかからなかった。

5年生になると、私とは目も合わせなくなった。愛想の〝あ〟の字もなくなった。うっとうしいという雰囲気をいたるところで醸しまくった。頭は金髪〝マッキンキン〟になった。

学校も朝から来ない。絶対に放っておくことはしないから、授業は同僚に任せて迎えに行った。その時は頭の血管が破裂しそうなほど血が上っていたので、たぶん同僚に礼の一言も言えていなかったと思う。

当然、家のドアは閉まっていた。中で寝ているのはわかっている。放課後行ってもドアは閉まっている。再々度、夕方に行くと母親は帰宅していたが、本人はいなくなっていた。再々々度、21時頃訪問しても帰っていない。再々々々度、23時頃訪問しても帰っていない。仕方なく私が家に帰った。

次の日の朝、7時頃に家庭訪問した。貴理子は寝ていた。起こして思いっきり説教した。怒る私の前で頑なに黙り込む彼女を、学校に連れていった。何の効果もなかった。こんなことが週に二度三度はあった。そのたびに深夜まで学校に残った。同僚も管理職も残ってくれた。

池田校長は出張後に帰宅した日に、もう一度背広を着て22時過ぎに学校に戻ってきてくれたこともあった。池田校長が買ってくれた夜食のおにぎりを食べながら、悔しい気持ちでいっぱいになった。私の想いが貴理子には届かない……。

池田校長は私にこう言った。

「これからもこんなことはいっぱいあるって。あの子の心の中に入っていくのは難しいな。でも諦めたらあかん。がんばらなあかんな」

「心の中に入っていくのは難しい」。この言葉が何度もリフレインした。上手くやれない私であっても、絶対に励ます姿勢を崩さない池田校長の恩に報いたかった。

登校できた日でも問題ばかり起こした。終始うっとうしいオーラをまとっているから、こっちもすぐに怒りのトリガーを引いてしまう。

〈せっかく登校してるんやから。怒ったらあかん。キレたらあかん〉。頭の中ではわかっていても気がつけば怒鳴っていた。本人は目も合わせず一点を睨みつける。それを見てさらにキレる。最悪の無限ループだった。

先輩教員が「李くん、貴理子のところに家訪《かほう》（家庭訪問の略）してええか？」と言ってくれた。21時過ぎごろに家訪してくれたと思う。遅くに学校に帰ってきた先輩はこう言った。

「貴理子に李くんの想いは十分伝わってるよ。俺には素直に言いよる。李くんには素直になれへんけど感謝しとるよ。李くん、そんなもんなん違うか。思春期の女の子なんやから。フットサル部のマネージャーさせてもええか？　俺はその角度で関わるから。李くん一人ではしんどいやろ」

涙が出た。この先輩にも助けられたことは一度や二度ではない。私の視野の狭さを何とかするために助け船を何度も出してくれた。違った方向から見ることの重要性を伝えてくれた。一つの方法しかないのではなく、いろいろな方法があるということを暗に示してくれた。

「俺は李くんみたいな太陽にはなれへん。月や（笑）。だから李くんのことは尊敬してる」と言って何度も励ましてくれた。この先生だけではない。同僚みんなに助けられた。

それがあるから何とか4年間もったと思う。卒業まで厳しい毎日だった。

貴理子にとっては、私の言葉に納得のいかない毎日だったのだろう。ある日の終学活後すぐ、地域の方から電話があった。「先生、女の子が車止め、川に捨ててまっせ」

慌てて学校のすぐそばを流れる川に行ってみると、U字の車止めの柵が何本も捨てられていた。その場にいた貴理子とクラスの数人の女子に思いっきりぶつかった。人生で初めて車止めの柵を救出した。冷たくて無機質で、当然お礼の一言もなかった。見た目以上に重かった。

当時から理解していたつもりだった。あの子が背負わされた人生の重さは、車止めの比ではない。柵ではなく貴理子を救出したかった。厳しい12年だったのだと思う。親が苦しんでいる姿を見て育ったのだろう。社会からの厳しい目を感じて生きてきたのだろう。在りし日の私と同じではないか。

だからこそ、厳しく向き合うだけになってしまっていた自分がいた。若く力量のない私には、どう接してやれば彼女にプラスになるのか、考えても考えてもわからなかった。必死になってぶつかるしかなかった。できることならあの時に戻って、貴理子に優しく語りかけてやりたい。

「つらかったんだね」

「学校だけが人生じゃない」

「社会とつながり続けるために　先生とつながっていてほしい」

と。そして、自分自身にこう言いたい。

「教育は一人ではできない。専門家と連携しろ」と。

貴理子の母親は確かに教育力は低かったのかもしれない。それでも毎日、朝から晩まで必死に働いておられた。10代であの子を産み、散々苦しい思いをしてきたのだろう。貴理子が学校でフットサル部のマネージャーとして生き生きとがんばる姿を伝えると、涙をこぼしておられた。

そんな母親たちに世間の風はどうだろう。厳しすぎやしないか。ネット上で散見している「自己責任」「自己責任」「自己責任」……。何に責任をとるのか。

このお母さんだけではない。社会からの「自己責任の刃」に苦しむ保護者を何十人と見てきたが、それぞれ重荷を背負わされて生きてきた方ばかりだった。自分自身の生い立ちが苦しすぎるほど苦しい。そこから脱する方法が見えず、我が子にも同じ思いや経験をさせてしまう。「苦しい生い立ちの人なんて腐るほどいる。甘えんな」という言葉を何度も聞いてきた。学校現場でも聞いてきた。私はそう言う人に問いたい。

「何に甘えているというのか」

甘える相手がいないから周縁化し孤立しているのだ。

百歩譲って甘えているのだとしよう。それでは「自分は甘えたことが一度もない」のか。泣いたら抱っこしなぐさめてもらってきただろう。家に帰ったらごはんが出てきて風呂もあっただろう。それを「甘え」だと言われたら受け入れられるのか。

「自分も貧困や差別、偏見の中で必死に生きてきた。だからお前もがんばれ」という声も聞く。そういう人にはこう言いたい。「みんなそれぞれ環境は違う。耐性も違う。能力も感性も認識も違う。だから、貧困や差別、偏見の目がどう作用するのかは人によって違う。あなたは必死に生きることができる人だったのですね。でも、みんながそうじゃない」と。

苦しい日々だったが、卒業式の日には笑顔で目を合わせて握手もしてくれた貴理子。その手の温もりは生涯忘れることはない。中学校にもほとんど登校できなかった。それでも現在は母親となり、幸せになったと聞いている。あの子の温かい手で我が子の手を握り、未来を見つめていると私は信じている。

私は最後まで貴理子の心の中に入っていくことができなかった。悪戦苦闘しながらも、人生をサバイブしていく力を生徒につけられる教師にいつかなりたい。どうしてもなりたい。

教育は一人ではできない

担任生活4年目、4年生担任として〝残り3ヵ年計画〟を立て学級経営をしていた。異例ではあったが負担感はなかった。むしろ毎日の学級経営に燃えていた。

相変わらず、クラスも学年全体も活きが良かった。問題行動も多くヤンチャな学年ではあったが、一人一人が無邪気で可愛げのある子どもばかりだった。子ども同士の連帯感も強かったように思う。そうでもしなければ前向きに生活できない、社会からの厳しい風を感じざるを得ない子が少なからずいたということだろう。太郎はその典型だった。

太郎が母親と〝再会〟したのは4年生になってからだった。理由があり生まれてすぐに離れた母子は、それまでほぼ会ったことがなかった。他人だったと言ってもいいと思う。毎晩、ひどい日は朝から親子喧嘩が始まった。言い争いではなく、手も足も出る本物の〝喧嘩〟である。その様子を母親が隠し撮りして私に見せたのだが、それは壮絶なものだった。

太郎とすれば必死に甘えていたのだと思う。それまでの10年間、母親に構ってもらったり大切にされたりという経験を一度もしてこなかった。10歳になって再会し、幼子《おさなご》のように母親に甘えるなんてことはできなかったのだろう。だから暴力という形でしか母親の関心を引くことができなかったのだと思う。

〝一般的〟にはこの母親は咎められてもおかしくないのだろう。「10年間、母親をせずどこで何をやっていたのか」と。正直言って当時の私もそういった気持ちがないわけではなかった。太郎やこの家庭が起こす様々な問題等々のおかげで、朝早くから夜遅くまで、毎日のように走り回っていたからだ。

深夜の帰り道、〈なんで家庭の問題を学校（教師）が尻ぬぐいすることになんねん〉という気持ちになったことは一度や二度ではなかった。しかし、太郎に関われば関わるほどそんな気持ちは自然と薄らいでいった。

当時の私は〈熱血教師として向き合えば、必ず現状は良くなる、良い方向性へ向かう〉といった自負があった。いや、自負だけでやっていた。太郎へのアプローチ（支援方針）は「とことん関わること」だけだった。

毎朝迎えに行き、寝ている場合は起こして学校に連れていく。朝食はないから私の母親に毎日サンドイッチを作ってもらい、別室でそれを食べてから教室に向かわせる。宿題は夕方自宅で取り組ませて私がチェックするか、最悪その日の放課後に居残りをさせてから帰らせる。有無を言わさずタグラグビー部に入れて汗をかかせ、帰宅後にヤンチャをするような体力すらなくなるくらい取り組ませる。毎晩22時頃、退勤後に家庭訪問し様子を見てから帰宅する。

よくもまあ、こんなことを毎日できていたなと感じる。本人だけではなくもちろん母親へのアプローチ（支援）も欠かさなかった。母親の困りや悩みに寄り添う。とことん寄り添う。いつ何時でも寄り添う……だけでは意味がない。散らかった部屋を掃除して帰ったこともあった。教師の仕事の範疇は、人それぞれ認識が違う。では当時の私がやっていたことは果たして教師の仕事であっただろうか。

自戒を込めて「教師の仕事ではない」と言わざるを得ない。どうすれば家庭がその機能を果たせるようになるのか、そうなるために私が支援しなければならないのに、全部私一人でやろうとしていた。先輩から助言もされていた。でも、どう支援すればいいのかわからなかった。目の前で溺れている人間を前にして、手を差し伸べることなく放っておくというのか。自分のクラスの子であり、母親だ。何とかしたいという一心で関わり続けた。

母親は少しずつ本音で語ってくれるようになったと思う。でも、見る見るうちに母子の関係は悪くなっていった。太郎は私の前では良い子を演じるが、私が帰れば暴れる。母親が殴られて顔面が腫れ上がる日もあった。それでも私は熱血教師を演じて関わるだけだった。

ある日、同僚に呼ばれた。太郎が毎朝サンドイッチを食べている部屋だった。同僚が指差す先は本棚の後ろだった。見てみると大量のサンドイッチが捨てられていた。私の母親が作ってくれたサンドイッチだった。腹立たしさや悲しさを通り越して空虚感や無力感が私を支配した。太郎を呼んで話を聞くと、怒られると思ったのか泣きながら「朝ごはんを食べたことがなかったから……」と言った。

私は「先生のおかんが作ってくれてるから食べ」と、初日に伝えてサンドイッチを手渡していた。何回か「先生のおかんが」と伝えた。それがダメだったのだと思う。毎朝、腹を空かせて登校していたのは、給食の食べる量を見れば一目でわかる。毎晩、家庭の様子を見に行っていたのだから、晩ごはんが準備できていなかったこともわかる。それでも私の母親が作ったサンドイッチを食べることはしなかった。

当然だろう。太郎は、

「先生のおかんの作った朝ごはんを食べたいんやない。俺のおかんに朝ごはん作るように働きかけてくれや」

と心の奥底で叫んでいたのだ。そんな声にならない声を聞くことができない、思いを語らせることができない私がそこにいた。

もしもデロリアンに乗ってあの部屋に戻れるのであれば、座り込んでいる私に「教育は一人ではできない。すぐに関係機関と連携しろ」と胸倉を摑んで伝えたい。

児童相談所や福祉事務所に私が相談した頃には、すでに母子関係が破綻していた。後の祭りだった。区役所で児童相談所・福祉課・学校がカンファレンスを開いたときにはもう遅かった。「母子分離」という答えしか出なかった。私は憤った。

「あんたら一つでも何かしたんか？　俺は毎朝毎晩、家庭訪問してあの子と母親を支えたんや。それが、何が母子分離じゃ。何にもしてへん人間がジャッジだけ下しやがって。あんたらそれでもプロか？　プロとしてポリシーもってんのか？」

と机を叩いた。

プロフェッショナルでないのは私の方だ。私が半年以上していたのは自己満足だった。怒りをぶちまけるセミプロ以下の私に、ケースワーカーたちは冷静に向き合ってくれた。児童相談所と福祉の方からすれば「すぐに相談、連絡してくれたら家庭も李先生も支援できたのに……」という思いがあったことだろう。

最初は母子分離を受け入れられなかった。そうすると太郎が転校することになるからだ。太郎は、積み重ねがないだけで学力や思考力は十分あった。そして運動能力が何より高かった。タグラグビーでは間違いなく中心選手になったと思う。手先が器用で機転の利くプレイヤーだった。さらに成育歴からは考えられないほど優しい子だった。ミスをしたチームメイトの肩を叩き「ドンマイ。気にしなくていい」と自然に言える子だった。

だから何としてでも校区内に残したかった。しかし、私があれこれ躊躇《ちゅうちょ》している間に母子関係はますます厳しくなった。「もう無理だ」と思ったときには遅かった。

あろうことか、次のカンファレンスで私は「一刻も早く母子分離をしてくれ。危険な状態や」と関係機関に伝えていた。

後に知ることになるが、京都市の児童相談所のケースワーカー一人が受け持つ家庭の数は少なくとも200に上っていた（2015年時点）。私が担任として受け持つ数は30そこそこ。そんなことも知らず、ケースワーカーに対して偉そうに構えていた私。申し訳ないにも程がある。

紆余曲折あったものの、太郎も母親も母子分離の道を選んだ。クラス全員に転校を伝えたその日、クラスで一、二を争うヤンチャな男の子が泣きながら太郎へのメッセージを口にした。その子のことも私はよく叱っていたが、そのたびに太郎から励まされたという。胸が締めつけられた。〝自称・熱血教師〟の自分自身が情けなくて仕方がなかった。

数年前から学校現場では「チーム学校」という言葉がいわれるようになった。学校現場にSSW（スクールソーシャルワーカー）やSC（スクールカウンセラー）といった福祉の専門家と心理の専門家に入ってもらい、それぞれの専門的立場から支援方針を立てて支援をしていこうというものだ。もしもあの時、太郎にもチーム学校として支援ができていたら。

熱さは大切だ。信念も大切だ。「燃えるような情熱」がマントルとならなければ、しんどい実態に向き合うことはできない。感動が人を動かすことは揺るぎない事実だと信じているし、そう信じ続けたい。

だが、それだけではダメだ。「熱いロマン」と「冷たいソロバン」、どちらも持ち合わせていないと教師はできない。太郎や太郎の母親に教えてもらったことだ。

同和問題と向き合う

採用3年目からの4年間、ヤンチャながらも可愛げのある学年を卒業まで担任として全力で受け持ったのだが、3・4年生担任時の学年主任が三上直美先生だった。

三上先生は教師経験豊富で面倒見が良く、裏表のない方だった。初日からフィーリングで〈ええ先生やなぁ〉と感じた。小学校教師としてのベース、基礎基本はすべて三上先生が手取り足取り教えてくれた。

教材研究、板書、ノート作り、話し合い活動など、授業の幹となる部分。特に発問について「多くても45分間の授業で発問は三つまでにすることや」と何度も言っておられた。私が現在でもできるだけ板書であれこれ書かないように心がけているのは、三上先生の教えだ。

「学習が苦手な子にとって見やすくわかりやすい板書にせなあかん」

「苦手意識もってる子が考えるのに困ったときに、見たらヒントになるのがええ板書やで」

三上先生の言葉が私の耳に今でもこびりついている。

家庭訪問や地域との関わり方についても教えてくれた。

「連絡だけやったら電話でええ。報告や伝えたいことがあるなら家庭訪問することや。その方が結局早い。保護者の顔を見て話す方がこっちの想いや意図も伝わりやすいで」

私がすぐに家庭訪問する習慣がついたのは三上先生の影響も大きい。

三上先生は「なんでそうするのか」という理論を私にも理解できる言葉で伝えてくれた。それまでの実践も申し分なく理論と実践のバランス感が絶妙だった。目の前の子どものために一生懸命で、教育の可能性を諦めていないベテラン教師の一人だった。経験が浅いうちにこういう先輩と学年を組めたことは、私にとってラッキーだったと思う。

三上先生は私の良いところも悪いところも、歯に衣着せぬ言葉と率直な態度で伝えてくれた。

裏側に愛情があったので受け止めやすかった。私のしょうもない話にもいつも乗ってくれるノリの良さもあった。私の特性も見極めて原則褒めてくれた。

「私は、てうちゃんを育てようと思ってる。仕事のできる男にせなあかん」と事あるごとに言っておられた。

教師同士の仲は児童にすぐに伝わる。同僚性の高さは学年や学校全体の教育力の高さに比例する。私が目の前の子どもたちに対して全身全霊を傾け、自分の思うがまま感じるがままにぶつかっていけたのも、三上先生のサポートによるところが大きい。

三上先生から受けた影響は計り知れない。中でも「同和問題に関わる単元の指導」（以下、同和問題指導）について丁寧に教えてもらえたことは、授業研究という分野での私の礎《いしずえ》となった。

同和問題指導は小学校社会科の歴史学習で行うものだ。京都市では教育委員会が定める「指導計画スタンダード」内にも明記されているもので、数十年来、先達が研究を重ねてきた学習指導の一つである。児童に「同和問題や部落差別に関わる正しい歴史認識や知識」をもたせることを主として、莫大な時間をかけ日夜研究されてきたものだ。

三上先生は当時、校内の同和（人権）主任をされていたこともあり、同和問題指導について積極的に取り組まれていた。その姿からたくさんのことを学んだが、私にとって最も大きな収穫は〝同和問題指導をどう認識するか〟ということだったように思う。

すべての被差別者を社会的弱者としてのみ描くのは違う。社会科の授業として教える以上、多面的・多角的に歴史を見つめることが重要だ。そうしなければ児童・生徒は頭の中で「差別を受けてきた人＝かわいそうな人」というレッテルを貼り〝差別事象から考える〟ことをせず安易に歴史を捉えてしまう。「差別を受けてきた人（の中には）＝時にたくましく、時にしたたかに生きてきた人（もいた）」という歴史も捉えさせたい。

三上先生はそれを「力」という言葉で表現しようとされていた。たとえば「渋染一揆」の授業では「身分上厳しく差別されてきた人々が協力して書き上げた『嘆願書』に焦点を当て、嘆願書を書くために必要な力とは何かを考えさせる」といった授業展開だった。児童からは「協力」「コミュニケーション能力」「文章力」そして「学力」といった発言が出てくる。江戸時代の不条理なきまりに対して、暴力や武力で対抗せずに「学力を礎として」抵抗し、権利を勝ち取ったことを実感させる授業展開である。

これには〝目からうろこ〟だった。上記の力は学校で培えるものばかりであり「渋染一揆を通して児童一人一人が現在の自分を見つめる授業展開」へと発展できる。自己省察できるのだ。私はこれがとても大切だと感じた。

同和問題指導をどう認識するか、それについて三上先生は「差別を見抜いたり差別に抗ったりするにはどんな力が重要なのか」を児童に捉えさせたいと考えていたのだろう。そして、その力を目の前の児童すべてにつけるのが教師の重要な役割だと認識されていたのだと思う。そうすることで、社会の厳しい荒波にもまれても連帯し助け合い生きていこうとする人づくりをされていたのだと思う。

「歴史を学ぶのではなく　歴史から学ぶ」。この三上先生の視点が間違いなく私に新たな視座を与えてくれた。

私が初めて教壇に立ち実際に子どもたちと向き合った時期には、実は在日コリアンの児童よりも同和地区にルーツのある児童と保護者に対して思いを巡らせたり悩んだりすることの方が何十倍も多かった。

当時の私には〈反差別や。部落差別も許さへん。被差別部落出身という理由で苦しんだり困ったりしてる子どもや親の側に立って働くぞ。生きていくぞ〉というような大前提があった。しかし、同和問題や部落差別を知識体系として学んだわけでもなく、ただ「反差別↓被差別の立場に立つ」というような感情論のみで児童や保護者への教育活動を行っていた。ただただ若いパワーとマイノリティパワーを武器に、教育というグラウンドで毎日フルスイングしていた。

そうである。この頃から私の仕事や使命感の源泉は〝在日パワー〟ではなく〝マイノリティパワー〟だった。だから部落差別に対して思いを巡らせる時間が圧倒的に長かった。

〈俺はこれまで〝反差別〟の姿勢を貫いてきたと思ってたけど、部落差別について全く何にも勉強もしてきぃひんかった。こんなん反差別でもなんでもないわ。在日のことしか思いを巡らせられへんねやったら、偏狭な差別主義者とそう大して変わらへん。部落差別について肌感覚で学ぶところから始めたい。そうするべきや〉

そんな風に自問自答する毎日だった。部落差別をなくしたい一心で試行錯誤を繰り返しながら四苦八苦した。もちろんこの経験が、私の「反差別」の足腰を強くしてくれたことは間違いない。

先生方の中には「なぜ同和地区の家庭を特別扱いするのか」と言っている方もいた。私はそうは思わなかった。少数者がすべて弱者かというと、そうではない。ただし弱者の中には少数者が多いと、私は思う。その少数者に寄り添う意味での支援だとすれば私には理解できるし、当時もそう理解していた。

目の前で困っている子どもや保護者に寄り添う姿勢を見せたり助けたりすることは〝教育〟という二文字に内包され、それが立脚点であり拠りどころである。決して〝同和〟という二文字が立脚点ではない。そうでなければ、同和施策が打ち切られた途端に、少数者であり弱者にもなりうる可能性の高い被差別部落出身の子どもたちへの関わりが貧弱になってしまう恐れがないか。現にそうなっていると私は思う。

同和地区児童や保護者のみに手厚く関わるのはナンセンスだと感じた。だから必要だと感じた関わりや支援はすべての児童・家庭にしようと心に決めた。

それから一年一年、担任経験を積み重ねる中で、同和問題や部落差別への私自身の対峙の仕方はしだいに「ただただ『反差別↓被差別の立場に立つ』というような感情論」ではなくなっていった。部落差別を肯定する人たちには一定の論理があることを肌で感じ取ったからだと思う。

当初は差別を肯定するなんて情緒的に許すことができなかったが、少しずつだが思想や考え方の違いを認め、相手の意見に耳を傾けることの重要性に気がつき始めた。そうしないことには、同和問題を解決の方向に向かわせることも部落差別をなくすこともできないからだ。

どんな人であれ「差別はしてはいけない」という立脚点に立っていた。しかし、「でもな」がつくのである。「差別はあかんよ。でもな」の「でもな」である。その後に続くのは「(部落の人は)行政や学校に甘やかされてきた論」が多かった。

「甘やかす」とは同和施策のことを指すのだろう。一万歩譲って「甘やかされてきた」としても、それならば行政と学校の姿勢も問うべきで、なぜ部落出身の方の姿勢のみを問うのか。

長い歴史の中で培われてきた差別の系譜を打ち砕くことなど簡単にできることではない。私も同和施策や同和行政を丸々すべて肯定し、百点満点だったと結論づけるつもりはない。反省すべきこともあると思う。それでも「だから甘やかされてきた部落の人に問題がある」には決してならない。

この「でもな」の難しさに直面した教員生活だったと言っても過言ではない。言葉の端々に部落差別を内包している人が「差別ではない。冷静に判断してのことだ」と言う。そういう方と共感できることや重なる部分を見つけながら建設的な話をしていく難しさである。「差別する」と言っている人と対峙する方がよほど簡単である。

「甘やかされてきた」の次に多かったのが「部落の人たちはガラが悪い論」である。「ガラが悪い。だから差別されても仕方ない」という論調。同じように「差別はいけない」という立脚点からのものである。しかし、これも差別や偏見以外の何物でもない。

ここで言う「部落の人たち」という言葉はほとんどの場合、「今も同和地区で暮らす人々」

のことを指していた。あえて「ガラが悪い」を使うとすれば、私がそう感じた人はごくごく少数である。もちろん同和地区以外の地域も同じである。良し悪しは別として「ガラが悪い」と感じさせる方はどこにも一定数いるのだ。

当然だが、出自によって「ガラが悪い人間が育つ」わけなどない。何がそうさせているのかと言えば環境だろう。つまり「周囲からの差別・偏見の視線」のことである。

厳しい視線にさらされれば、それに負けていないふりをする人も出てくる。その視線に対抗する人、威嚇で返す人も出てくる。マイノリティたちは肌を通して毛穴を通して理解するのだ。「この視線をスルーしたら　もっと蔑《さげす》まれる」と。

だから、その視線を学歴で跳ね返そうとする者もいればスポーツで跳ね返そうとする者もいる。跳ね返すことなく受け流す者もいる。対抗や威嚇で返し「ガラが悪い」と周囲から烙印を押されてしまう者もいる。要するに〝差別・偏見の視線への戦略〟の違いだ。

これを単純に良し悪しで測ることなどできない。人それぞれ戦略（生き方）は違ってもいい。強調しておきたいことは〝差別や偏見の視線〟に対抗する形で威嚇（これがガラの悪さと表現されてしまう）が起こるということだ。温かい視線で見つめられるのなら、誰もそんなことをする理由がない。

「李先生やったら　わかるやろ」

若くてケツが青く必死にもがいていたこの頃。何軒、家庭訪問に行っただろう。どれだけ多くの家庭が力のない私を温かく迎え入れてくれたことだろう。

何時であろうとも必要だと感じたらすぐに家庭訪問し、保護者と話をした。学習に関することはもちろん、友達関係でのつまずきであったり漠然とした将来展望への不安であったりと、話の内容は様々だった。家庭の様子も様々だった。

家庭訪問の回数と「家庭の教育力」なるものが反比例するかのごとく感じる方もいるかもしれないが、そう単純なものでもない。家庭訪問を多くされる保護者の教育力が必ずしも低いわけでは断じてない。

保護者の悩みも実に様々だった。話せば話すほど、聞けば聞くほど〝一保護者〟としてではなく〝一人の人間〟として向き合っている自分に気づくようになっていた。〝仕事〟や〝職業〟としてではなく私自身の〝生活〟や〝生き方〟として向き合っているような感覚になっていた。良し悪しは抜きにして、児童のためなのか保護者のためなのか、はたまた私自身のためなのか、その境界線は限りなく曖昧なものだったように思う。誰にでもこんな風だったから、保護者も腹を割って話をしてくれることが多かった。

あるお父さんの話だ。その方は「ガラが悪い」と言われてしまう要素たっぷりのお父さんだった。風貌も着こなしも愛車の乗り方もその要素に満ちていた。特に目つきは特別だった。鋭く厳しいものだった。

その家庭は決して教育力が低いわけではなかった。経済力も一般的で両親ともに子どもへの愛情は深かった。それでも困りを抱えることもある。これはどの家庭でも同じだろう。いろいろな問題や困りを本人も保護者も抱えていたので、よく家庭訪問に行った。

最初、対応してくれるのはお母さんだったが、私がしょっちゅう足を運ぶものだから、いつしかお父さんも少しずつ話をしてくれるようになった。べらんめえ口調というか、ヤンチャな話しぶりではあったが、どこかしら愛嬌を感じる雰囲気があった。私の思いが通じたのか、このお父さんも自分のことを話してくれることがしだいに増えていった。

我が子のことでお父さんも悩んでいたのだと思う。お母さんも悩んでいた。私も悩むことが多かった。児童のために自分に何ができるのか、思い悩む日が積み重なっていった。お父さんお母さんの想いがなかなか子どもに伝わらない。私自身、教育のプロとしてどんな風にアドバイスすれば少しでも良い方向へ向かうのか、わからず苦しんだ。

そんなある日、お父さんが私に話し始めた。我が子のことではなく「自分史」だった。我が子への支援に行き詰まりを感じたお父さんは、「どんな子に育てたいのか」という自らの大義に返ることで方向性を探りたかったのだと思う。

その日は饒舌《じょうぜつ》だった。愛車の運転席で笑顔とヤンチャな顔を織り交ぜながら語る。「差別で苦しんだこと」「差別に負けないように自分としては立ち向かってきたつもりであること」、そして「差別が生む弊害の大きさは何世代にもわたるから、何としてでも我が子には負けずに生きてほしいと願っていること」、そんな内容だった。

もうその頃の私には「慣れ」みたいなものがあり、いい意味で〈いつものことが始まった〉とお父さんの「自分史」を聴いていた。

と、思った矢先、心臓を鷲摑《わしづか》みされたような衝撃が走った。あのヤンチャなお父さんが、戦略の結果として「ガラが悪い」と言われてしまっているお父さんが、声を詰まらせ、涙が出そうなのを必死に私に悟られまいとしながら私を睨みつけ、こんな風に言った。

「差別は苦しい。差別はあかん」

「先生やったら　わかるやろ」

「チョーセンの先生やったら　わかるやろ」

お父さんの表情と声と言葉に圧倒された。お父さんの想いに圧倒された。お父さんが車で走り去るまで声が出なかった。アスファルトの上で数秒たたずんだ。

あの時、お父さんに返事ができなかった理由は、今ならはっきりわかる。

〈俺には　わからへん〉

〈お父さんが受けてきたほどの差別は　俺は受けてきてへん〉

〈俺はお父さんほど　差別に苦しんできてないねん〉

お父さんは部落差別で苦しんだ「自分史」を在日コリアンである私に重ねてくれていた。だからいろいろなことを話してくれたのだと思う。

他の保護者も同じだろう。「同じマイノリティとして、想いを共有できるだろう」と私を信頼して語ってくれたのだ。

「在日コリアンとして生きてきた李先生なら　わかってくれるはずや」と。

その思いを私は心の深部にまで行き届かせることができていたか。そこまでの覚悟をもって、保護者の「自分史」に触れていたか。

戦後も日本の部落差別は強烈だった。壮絶だった。想像もつかないような差別の中で生きてきた人たち。たくましく、しなやかに。時にしたたかに生きざるを得なかった人たち。そんな「自分史」をもつ人が、私を対等に見据えて言ってくれたのが先述した言葉だ。

これを読んでくれている、「自分史」を語ってくれた保護者全員に伝えたい。

「私はあなたたちほど差別に苦しんでこなかった。だから、これからの人生を差別の不当性を伝え続ける役目を背負うことで、その期待に応えることとしたい」と。

このお父さんの社会への視線を温かいものにするために私ができること。それはあらゆる差別の不当性を粘り強く訴え続けること。そのために一人でも多くの仲間をつくり、連帯すること。「部落差別に苦しむ人たちが肩や眉間に不必要な力を入れることもなく、社会や世間を温かく優しい目で見つめられる」、そんな社会や共同体の在り方を模索し続けたい。そのためにまず変わらなければいけないのは、私も含めて同和問題におけるマジョリティサイドの方であるのは間違いない。

第6章　タグラグビーで可能性の扉を開く

自己投資

この頃の様子を記すと、四六時中、仕事に忙殺されているような印象をもたれるだろうが実際はそうではなかった。3年生担任を受け持った頃、「自己投資」を始めたからだ。

中学校教師になることを目標としていた私は、この時点で中学校社会科の免許を取得できていなかった。だから「自己投資」だとか偉そうに言っているが、そうせざるを得ない状況に追い込まれていたのだ。通信教育課程に登録し科目履修生となった私は、教師として、時に学生として生活することになった。

これがなかなか大変だった。しばらくは勤務後23時頃から30分間、机に向かった。が、すぐに記憶がなくなり、気がつけば朝だった。このままではいけないと思ったので朝型生活に切り替えてみようと思い立った。これがはまった。

朝4時に起きてとにかくシャワーを浴び、無理矢理目を覚ます。まずは30分間、レポート作成や試験解答の丸暗記をする。それから30分間読書をする。読書の際に記録しておきたい言葉や文章に出会うと付箋を貼り、読書後20分間はその付箋の部分を「読書メモ」として記録する。その後15分程度筋トレをした後、トップアスリートかのように栄養を考えた大量の朝ごはんを食べて7時前に家を出る。このルーティンをほぼ欠かさず7年間続けた。

当初は中学校社会科の免許を取るための4時起きだったが、しだいに読書したり読書メモをとったり筋トレしたりすることが目的となっていった。読書の楽しさや喜びを知ったのもこの頃で、少なくとも新書を中心に月3冊は読めていたと思う。

この習慣はその日一日を活力に満ちた状態で過ごすために不可欠になった。気分が落ち込んでいるときや不安定なときには心の栄養ドリンクの役割を果たしている。傷つきやすい特性をもつ私にとって、社会人となって比較的早い時期に心のケアの重要性に気づいたことには大きな意味があった。

いわゆる「朝活」というやつにはまった私だったのだが、1ヵ月も経たないうちに困りを抱えるようになった。「給食後の睡魔がやばい件。」である。

5限目の前に、計算プリントの丸つけをしていたはずが、いつの間にか雲の上を散歩していたり羊さんと戯れていたりする。そこで睡眠について何冊か本を読んでみることにした。これが功を奏した。

睡眠とは、人間の身体とは、なんと奥深いものか。単純極まりない私はそこに書かれていることをすべて実践した。寝る前のストレッチ、ホットミルク、呼吸法などなど、どれもディープな眠りに誘ってくれるではないか。毎晩帰宅し10分以内に入眠儀式に突入する私の姿は、精密機械のようであった。何万円もするマットレスも購入した。

しかしまだ足りない。社会人3年目、井の中の蛙《かわず》な私は胃の中に目をつけた。空腹であればあるほど睡眠の質が高まる。当時は実家に住んでいたので母親に弁当を作ってもらうようにし、18時までには食べる習慣をつけた。ますます眠りの質が高まるではないか。これがいつしか18時が17時に、17時が16時に……となり、ついに平日に晩ごはんを食べないようになった。快眠と体重維持の一石二鳥である。

……足りない。まだ足りない。それでもお昼に眠くなる。「昼寝は効果大」とどの本にも書いてある。そこで昼休みに工夫をして5分間だけ昼寝をすることにした。空き教室や時にはトイレの個室などで、携帯電話のアラーム機能を戦友に寝るのだ。どこでもいつでも昼寝できる習慣は私にとって強力なウェポンになった。

次にねらいをつけたのは歯である。歯ぎしりがひどいと父親に告げられた私は歯医者に直行、睡眠時用のマウスピースを作ってもらった。歯医者さんにいろいろと相談してみると、私はストレスが溜まると奥歯の親知らず付近が腫れてくることがわかった。

マットレス→ストレス→親知らずレス。2年間かけて4本とも抜いてしまった。

もうこの頃には「健康の泥沼」にどっぷり浸かっており、睡眠だけではなく食生活から筋トレから柔軟性といった、ありとあらゆることを探究するようになってしまった。

朝晩校庭のうんていで懸垂《けんすい》をすることにはまり、完全脱力からの懸垂で連続30数回をこなせるようにまでなった私の終着駅は「左僧帽筋断裂（ひどい肉離れ）」であった。

治療に専念し背中を追い込めなくなった私は、大胸筋にねらいを定め「右胸の筋膜が剝がれる」ところで最終下車。その後、腹筋ローラーなる友と出会ってしまう。

児童・保護者とのお楽しみ会で「腹筋ローラーで一直線になり20秒耐えられるか選手権」にただ一人エントリーした私は、19秒耐えるも左腰付近に激痛が走り無念の敗北。たった一人でプラットホームに降り立つことになる。

筋トレだけに飽き足らず毎晩5分間の開脚ストレッチを欠かさなかった私は、数年で上半身が床にべったりつくまでになるが、冬の寒い晩に右太もも内転筋断裂。無念の李《リ》タイア。

やっとこの頃、自らの間違った生き方に気がついた私であったが、時すでに遅し。毎週接骨院に通わなければいけない身体となってしまった。

反省はしているが後悔はしていない。早起きから得たものは数えきれないほどあるからだ。中学校社会科の免許や質の高い睡眠、前向きに生きる姿勢、高いモチベーション。そして最高の恩恵は27歳から毎朝コツコツ書きためた、この「本」である。

当時、超多忙であったが早起きという習慣を手に入れたことで私の生活は多幸感に満ち溢れていた。そうなれたのも、食事から洗濯から何から何までやってくれていた父母の支えがあってこそである。改めて父母に感謝、である。

日本一の学校にしたる

そんな自己投資に夢中になる自分は、誇れるものが欲しかったのだと思う。だから、「桃嶺台小といえばタグラグビー」と言われるような、そんな代名詞になるようがんばったつもりだ。タグラグビーとは簡単に言うと「身体接触（コンタクト）を禁止するラグビー」のことである。私が初めて教壇に立った2004年度から小学生タグラグビー全国大会が始まったこともあり、私個人としては学習教材としてよりも競技として取り組み続けてきた感が強い。

桃嶺台小学校は池田校長の方針でタグラグビーに力を入れており、全国大会に初出場するまでになった。その翌年、先輩の異動に伴い私がタグラグビー部監督を務めることになる。

私は当初、競技として勝利を目標に取り組むことに懐疑的な面があった。だから池田校長にこんな風に直訴した。

「僕は勝たせることに主眼を置きたくないです。楽しませたいです。だから朝練も子どもたちの自主性に任せたいし、放課後の練習メニューも考えさせたいです」

池田校長はいつも通り受容のオーラを醸し出しながら、片膝を抱えて聴いてくれていた。そしてこんな風におっしゃった。

「まず朝練はきっちりする方向でやらなあかん。しんどい家庭の子に遅刻が多い。朝練をすることで当然遅刻は減らせる」

　笑顔を交え、120％私のことを尊重しながら続けられた。

「李、俺はな、伏見工業が全国大会出場するまでの時期に何度かコーチとしてグラウンドで汗を流したことがあるんや。だからな、公立高校として全国大会出場を成し遂げた伏見工業高校の素晴らしさがわかるんや。その素晴らしさはな、公立高校に通う学生にも『可能性の扉を開いた』ことやと思う。高校生に夢を語るだけやなく『実際に夢の舞台に連れていった』ことやと思う。ヤンチャでどうしようもない高校生を相手にやぞ」

　教育者として甘い気持ちでいた自分に気がついた私の背筋が自然に伸びる。

「李、目の前の子どもと重ねてみ。何人の子が『俺は桃嶺台出身や』とか『桃嶺台なめてんのけ』って言うとる。伏見工業高校みたいに全国大会っていう大海を見せたってほしい。『俺らが知らん、こんな世界があるんや！』『俺らはこんな広い世界でも通用するんや!!』っていうのを実感させてやってほしいんや。そのために教育の手段として、方法としてタグラグビーの監督をやってほしいんや」

　超甘ちゃんな自分に気づいた私は恥ずかしい気持ちになった。そして池田校長の地域への想いや私への期待を感じて腹を括った。

〈桃嶺台小学校を日本一の学校にしたる。日本一をとった地域にしたる〉

　そんな私には、タグラグビー部監督としての生活が始まるまでにいくつもアドバンテージがあった。まず、3・4年生を担任した児童を5年生担任として受け持てること。前年度に先輩が苦労に苦労を重ねて全国大会に連れていってくれたおかげで、児童にとって全国大会がイメージしやすかったこと。それは夢のような話ではなく実現可能な目標だと児童が感じられること。それ以外にも書ききれないほどたくさんアドバンテージがあったと思う。多くのサポートや地盤を基に、夢や可能性に向かって走り出した。

この頃の私は4時起きが習慣化していたため、監督としての「自己投資」に時間をかけることができた。読書のジャンルもスポーツ指導に関するものが自然と増えた。タグラグビーの戦略や戦術を考えることにこの時間をあてることもできた。早起きの習慣は思っていた何倍もの成果を生んでくれた。

監督1年目、11月の京都府予選。準優勝という結果を地域に持ち帰り、近畿大会予選でも何とか準決勝まで進出することができた。大きな収穫だった。全国大会出場は惜しくも逃したが、近畿大会予選後に前任者の先輩が私にこう言ってくれた。

「李くんが指導すると、すごく子どもが自信をもってプレーしてるように見える。そこの部分を知りたい。なんでそうなるのか知りたい」

桃嶺台小学校の内情を知っている方の言葉だけに、喜びは2割増しだった。指導の方向性にさらに自信がつく言葉だった。

次の年、6年生の担任となった私の〝監督としての目標〟はただ一つ、日本一をとることだった。それは決して夢ではなかった。前年度の全国大会では近畿代表として出場した学校が

3位まで上り詰めた。全国大会で優勝することは無理難題ではない。手のひらに日本一が載っていることは間違いない。あとはそれを摑むだけだ。毎日、タグラグビー部の子どもたちに日本一という目標を語った。

同僚や地域、保護者のおかげで部員数はうなぎ登りに増えた。チームは男女混成で、入部は3年生以上だったから、4学年約270名のうち、80名が部員。中学年以上のフロアを歩けばタグラグビー部員だらけだった。その甲斐あって遅刻・欠席者数は激減した。

部員が増えても大会で結果が出ても、肝に銘じていたのは「タグラグビーを教えるのではなく、タグラグビーで教える」ということだ。

7時45分からの朝練には、自分で時間を逆算して登校する習慣をつけさせる。朝練を終えるとすぐに着替えて自分の教室に向かい、宿題を提出する。宿題を提出していない子は次の日の朝練は参加できない。これで宿題未提出者は激減する。それでも未提出の、いわゆる〝一筋縄ではいかない子たち〟については当初、私が手取り足取り指導していた。

しかしそれでは効率も悪く、何か「タグラグビーで教える」ような仕組みにできないかと模索した結果、学年の縦割りグループをつくり、最高学年である6年生に下級生の宿題チェックや日頃の学校生活の振り返りをさせる時間をわずかながらとってみた。

これには思わぬ効果があった。下級生の宿題提出率が上がったのはもちろんのこと、指導する側の6年生たちの学校生活にも好影響があった。この子どもたちの変容には私自身も学ぶところが大きかった。

中でも子どもたちにとって最も強い影響力を発揮したのは、その年のキャプテンだった。そもそもその年度の春に、かなり頭を悩ませたあげくキャプテンを選出したいきさつがあった。

それというのも、先述したようにこの学年は相当たくましい子たちが集った学年で、その中でも極めてたくましい男子3名がタグラグビー部でも強い影響力を発揮していた。3名ともにそれぞれの個性でヤンチャを発揮し、なおかつそれぞれにタグラグビーの能力も高かったことが、さらに影響力を高めることに拍車をかけた。

この3名からキャプテンを出すことも考えたのだが、そうなるとリーダーが3人いるような状況になることは目に見えていた。困った末にキャプテンを任せたのが一人の女子児童だった。

年度当初に行ったアンケートでは「私は支える側に回りたいです」と書いていたが、ほぼ強制的に彼女にキャプテンを任せることにした。もともとそんなに人前で話をしたり皆を引っ張ったりする子ではなかった。しかし、感性の鋭い子だったから、当時の私の目の奥でマグマのように燃え盛る炎と熱きロマンを感じずにはいられなかったのだろう。

この女子が、私が予想していた以上に素晴らしいキャプテンシーを発揮した。大役を引き受けた次の日から、彼女がまさに腹を括って80名の大所帯を引っ張っていくことになる。

下級生への生活指導は的確で、時にはもめごとの仲裁にあたるなど〝教師カウント〟できるほどの存在になった。更衣室や体育倉庫の掃除・整理整頓も自主的・定期的にやるよう部全体に周知し実践してくれた。授業や行事などの学校生活においては誰よりも真面目に一生懸命取り組んだ。

公式戦では、試合開始直前に相手キャプテンと握手後にじゃんけんをして前後半の攻撃権を選択するのだが、その際の彼女の目つきは完全に狩猟民族のそれだった。彼女がチームにいる以上、負ける気がしなかった。実際に年間で1敗しかしなかった。

先述のヤンチャ3名は、最高学年の1年間、グラウンド以外の場面でも一貫してキャプテンには畏敬の念を込め、敬語を使って話していた。30歳の私から見ても尊敬に値するキャプテンだった。自分がイメージしていた〃小学6年生のキャプテンシー〃の範疇を軽々と飛び越えた彼女の実践は、私に教育の可能性や素晴らしさを再考させるほどのものだった。

素晴らしいキャプテンの下、保護者や教職員の強力な支えもあり近畿予選で優勝し全国大会への切符を勝ち取った。優勝した瞬間、何とも言えない心情になった。喜びも大きかったのだが「これで大海を見せることができる」と思うと、期待と不安が入り混じったような何とも表現し難い複雑な心情だった。

とはいえ、この優勝は私自身の大きな自信になった。というのも、桃嶺台小学校には運動能力の高い子は多くなかった。そこで私は組織力を高めることに1年を費やした。平日の早朝、自宅のテーブルで磁石を10個並べてプレイヤーに見立てサインプレーの研究をした。当時はまだサインプレーで組織的に攻めるスタイルのチームはほとんどなかった。そのためすぐに結果に結びついたのだ。

また、2年前に初めて全国大会に出場した際の8試合分の録画を何度も見返し、全試合のプレー内容の記録をとり傾向と対策を練り上げた。どのエリアからのアタック回数が多いのか、どのエリアからの被トライ数が多いのかなどを数値で明らかにする。近畿予選での試合内容はほぼ分析した通りとなったのだ。

当時の私を突き動かしていたものは何だったのだろう。目の前の子どもたちの存在は言うまでもないが、それと同じくらい私の背中を押したのは地域の存在である。地域の在りようがあのようでなかったら、間違いなく私はあそこまでストイックに自分を追い込むことなどできなかった。

京都市の中心部から離れた桃嶺台学区には、どこか牧歌的な雰囲気があった。経済的に厳しい家庭も多く、それゆえに子育てにおいて余裕のなさが伝わってくることも多かった。ヤンチャな文化も定着していて「学歴がすべてじゃない」風土を感じることも多々あった。保護者だけではなく、地域に住むおじいちゃんおばあちゃんからも同じ雰囲気を感じた。

そんな中で私は可愛がってもらった方だと思う。視野が狭く情熱だけは人一倍で実力のない教師であった私に、保護者や地域で暮らす方々は温かい声をかけ続けてくれた。地域ですれ違うと「いつもありがとう」と言って畑でとれた野菜をくれたり、「先生、晩ごはん食べていき」と言ってくれたり。

タグラグビーの結果が京都新聞に出た翌週は「ようがんばってるな！」「次も勝ってや！」と声をかけてくれる。新聞の地方コーナーに小さく掲載されている結果なのに反響は大きく、そこから地域からの期待の大きさを感じずにはいられなかった。

「地域のおばあちゃんが言うてはったぞ。朝練のお前のでかい声で毎日起きてる、目覚まし代わりやって。朝練がない日は起きられへんって」

そう伝える池田校長の目は私への愛情に満ちていて、池田校長の期待に応えられるようさらにがんばろうと思えた。

京都予選で優勝したときの地域からの反響はそれまで以上で、子どもたちを下校時間に引率していると「おめでとう」と何人もから言ってもらえた。近畿予選で優勝したときにはさらに大きな反響があり、「何かできることあったら言うてや」と多くの人が支援の言葉を口にしてくれる。

私はそんな地域の方々の様子から〈日本一になったら　ものすごい反響やろうな〉〈地域のおじいちゃんおばあちゃん　めちゃくちゃ喜んでくれるやろうな〉とたびたび感じた。「桃嶺台小が日本一」と掲載された京都新聞を想像すると身震いした。

プレイヤーの時はこんな経験はしなかった。初めて、自分は指導者向きなのかもしれないと思った。

全国大会出場を決めた2週間後、壮行会が開かれた。出席者は以前、桃嶺台小学校で勤務されていた先生方だった。その壮行会でたくさんのカンパ金をいただいた。池田校長のはからいだった。

というのも、東京で開催される全国大会に出場するには当然のことながらお金が必要だったからだ。大会本部から選手一人当たり1万円程度の補助はもらえた。国立オリンピック記念青少年総合センターに宿泊できるので、宿泊費と食事代はいらなかった。悩みの種は交通費だ。大会前日の金曜日も授業は6校時まであり、その日の晩に国立センターに着く規定だったから夜行バスは使えない。新幹線代と諸費用を合計すると、いくら切り詰めても一人当たり2万円弱。応援のために保護者も東京で1泊2日することを考えると、一家庭で10万円近く、もしくはそれ以上かかってしまう。念願の全国大会直前、サインプレーの再考に時間をかけたいのに頭の中は経費のことでいっぱいだった。

同僚も含めて多くの先生方がカンパしてくれた。あと少し集めれば、少なくとも選手の分は保護者負担ゼロになるところまできた。

そんな時、池田校長から呼び出しがあった。校長室で「今日の放課後、地域の三井さんのところに行こう。カンパを渡したいって言うてくれてるから」とおっしゃった。心の中で〈よし、もう一息のところまできた　ありがたい〉と思った。

校区の端にある三井さんの家に着く。インターフォンを鳴らすと初老の女性が出てきた。恐る恐る出てきたように見えたのは腰を悪くされているからだそうで、「歩くのもしんどい」とのこと。池田校長と思い出話や世間話をしながら、私のことをチラチラ見て〝確認〟している。

奥の部屋を指差した先にはベッドが置いてあった。「調子良くないから、ほとんど寝てるねん」、こう言うと三井さんは奥の部屋に入っていく。ゆっくりこちらへ戻ってくると「お祝い」と書かれた封筒を私に手渡し、私の目を見つめて、ゆっくりと話し始めた。

「桃嶺台の名を全国の人に知ってもらえることが本当にうれしい。先生、ありがとう。地域のためにがんばってくれて、先生ありがとう。少ししか渡せへんけど、これが私の気持ち。子どもたちのために使って」

しわくちゃの日焼けした手で私の手を精一杯握ると、三井さんの日焼けした目尻がこの日一番下がった。その瞬間、ハンメの顔が三井さんに重なった。

手が震えて止まらなかった。ハンメからのお祝いのように感じた。ハンメの手の温もりと同じだった。ハンメが私に会いに来てくれたのかと思った。

池田校長との帰り道、手も心もともに温もりで包まれていた。

全国大会に向けて京都市長が激励してくださるとのことで、選手たちを連れて京都市役所に出向いた。市役所の一室で大会への抱負を聞かれたので、緊張感に包まれながらこう答えた。

「これまで切磋琢磨してきた京都のライバルのためにも、また支えてくださった地域や保護者のためにも、必ずや全国優勝し、優勝旗を京都に持ち帰りたいと思います」

心の底から地域や保護者のことを思って出た言葉だと思う。

何人もの人からの「先生、がんばって」の声と、たくさんの期待と温もりをもらった全国大会前。チームと自分自身への期待感で胸がはち切れそうだった。

全国〝大海〟へ

全国大会直前の金曜日、6校時の授業を終えると、学校中の激励を受けながら急ぎ足で校門を出る。学校の脇を流れる川沿いでいつものおばあちゃんに挨拶する。駅まで歩きながらずっと心の中でセルフトークしていたのは、〈何のために勝つのか〉〈誰のために勝つのか〉ということだった。

家庭の背景がしんどい状況にある子たちに勇気や自信を与えるために勝ちたかった。ここまで支援してくれる方たち、地域のために、地域に誇りをもたらすために勝ちたかった。「桃嶺台小と言えばタグラグビー」と言われるようなシンボルにしたかった。3年生から4年間もち上がった子たちとの全国大会という大海原。船にもクルーにも自信があった。

京都駅に着き、新幹線を待つプラットホームで、チケットをなくさないことや夕食のお弁当は手で持っておくことなどを確認する。予定通りの時刻に新幹線に乗ると座席でのマナーを再確認する。予定通りでも、監督2年生の私も小学6年生兼全国大会1年生の10名も、ここまで初めてのことばかりで体力も精神力も消耗する。

東京駅では、経験したことのないような人混みにまぎれながら路線を乗り換え、何とか無事にオリンピック記念青少年総合センターに到着した。すでに時計の針は20時前を指していた。選手たちを引率の先生に大浴場まで連れていってもらい、代表者会議にはもう一人の先生に出てもらい、私は明日以降のスケジュールを何度もチェックする。明日の本番には池田校長も駆けつけてくれるので最高のバックアップ体制だ。

簡単にミーティングを済ますと男女2部屋に分かれて就寝させ、そこから自分の身支度や明日の準備を終えた頃には1時過ぎになっていた。宿泊施設から見える夜景が目に入ると、やっと東京に来た実感が湧いてきた。大海原のど真ん中を突っ切る自信は十分あった。嵐の前の静けさだった。

翌朝、秩父宮ラグビー場に着くと指定された場所に荷物を置き、大会本部から説明を受ける。秩父宮に着いてからは予定通りに事が運んだ。

開会式が始まる。全国大会に駒を進めてきた強豪たちと肩を並べる教え子たちの姿を見て身体が震える。ここまで来た実感が湧いてくる。秩父宮にいる誰よりも、この時に向けて準備してきたという自負があった。あとは実力を見せつけるのみだ。

試合開始20分前。普段スカパーで観ていた秩父宮ラグビー場の芝生の上に自分が立っていることに、何とも言えない気持ちになる。

第一試合の相手は東京代表の小学校。初戦から地の利がある相手との一戦にも勝つ自信があった。小学生は特に初戦の動きが硬い。やるならお互い硬く手の内も見せていない初戦で東京代表と当たっておきたかった。

ここで一つだけ懸念材料が出てくる。第一試合を担当するレフェリーの判断基準、ルール解釈が想定していたものではなかった。試合開始直前に傾向と対策に迫られる。応援に駆けつけてくれた保護者からは「李先生、表情硬いですよ」と声がかかる。

〈何をやっても付け焼刃になるのなら、これまで通りの方が力は発揮できるだろう〉、そう自分に言い聞かせ、いつも通り円陣で子どもたちに前向きな言葉をかけた。

コートに礼をして入っていく子どもたち。その表情には自信がうかがえる。大海の荒波に向かって満を持して飛び込んでいく。船もクルーもいつも通り。羅針盤だけが微妙に揺れていた。

試合が始まる。衝撃が走る。相手チームのエースは身長１７０㎝を優に超え、速く切れ味があり懐が深い。やはり全国大会。これまで感じたこともない圧が選手たちにかかっているのが伝わってくる。

桃嶺台も負けていない。組織されたアタックも相手にスペースを与えないディフェンスも、強豪相手に通じている。互いに厳しく笛の吹かれるオーバーステップに苦しみ、ロースコアの展開になる。

後半、途中まで2対2の同点。初戦は同点発進か、と思った矢先に1点リードされる。そこからしぶとくアタックするも、そのままノーサイド。想定外の初戦黒星スタートに私の内面は揺らぎ始めた。余裕のなさが伝わらないようにせねばならない、そう思えばそう思うほど焦りが出る。それとは対照的に子どもたちは冷静だった。

次の試合は、レベルの高い九州ブロックを1位通過したチームだ。キャプテンは私の焦りを肌で察知していた。1年間、二人三脚でやってきただけに、私の心の機微を感じ取っていたのだろう。負ければ決勝トーナメント進出が断たれることも彼女の闘志に火をつけた。勝利に向から貪欲すぎるその魂には並々ならぬものがあった。

同点で迎えた終盤、どうしてもリードしておきたい時間帯に難しいサインプレーを決めてトライしたのはキャプテンだった。手先が器用なタイプではなくハンドリングに難があった彼女が、キャッチに困るような難しいボールをキャッチしトライした。その姿は勝利への執念を感じさせた。4対3で接戦を制した瞬間、地域のおばあちゃんたちの顔が頭をよぎった。諦めてはいけない、と自分に言い聞かせた。

予選プール最後の試合は北関東代表のチームを相手に8対0で快勝したが、予選プールの結果、2位トーナメントに回ることになった。京都市役所で〝公約〟してきた日本一、何よりも自分自身に言い聞かせてきた日本一への挑戦がここで阻まれた。

子どもたちよりも私が一番ショックを隠せていなかった。秩父宮ラグビー場の観客席で唇を嚙み続けた。京都で結果を待ってくれている恩師や仲間、そして待ち望んでくれているチームの子や保護者、地域のおじいちゃんおばあちゃんの顔が頭を駆け巡る。悔しさと自責の念で潰されそうになる。

予選を終えた秩父宮ラグビー場からの帰り道、呆然としながらタクシーに乗り込んだ。

後部座席にはキャプテンと副キャプテン、主務とエースを乗せた。3年生からの4年間ずっと私を信じてついてきてくれたメンバーだった。最も厳しく指導し鍛え上げてきたメンバーだった。

この子たちに支援者への感謝を伝える場面を見せることも教育だと思った。京都を出発する前に山口先生から激励の電話をいただいていた。

良い結果を伝えられないことがつらすぎたが、何とかこらえて電話をかけた。ここまでがんばった子どもたちをねぎらう電話にしようと思った。

すぐに山口先生が電話に出た。「どうだった?」と聞かれた。

もうダメだった。悲しくて悔しくて、つらくて言葉が出なかった。ねぎらうも何も、号泣して、負けたことすら言い出せなかった。

何とか結果を伝えると山口先生は困惑した様子も見せながら話をされた。

「李、負けた方がいいんだよ。小学校6年生の子どもたちが日本一なんかになっちゃったらその後の人生どうなると思う? 負けを知らない人はダメなんだ。負けを伝えることも教育なんだ。教育って思い出づくりなんだよ。よくがんばった。電話ありがとう」

山口先生の言葉に返事もろくにできなかった。良い結果が伝えられなかったことが情けなくて悲しくてやりきれなかった。

その日の晩、宿舎でミーティングをした。

「明日、2位トーナメントが残っている。二つ勝ったら日本で5位や。こんなに素晴らしいことないぞ。日本で五本の指に入れるなんてこんなに立派なことない」

そう伝える場であるのは頭で理解していた。だからそんな風に語ったと思う。でも、悔しさと無念、申し訳なさが私の毛穴から溢れ出ていたのだと思う。

キャプテンはショックを隠しきれていなかった。エースの子は泣いていた。

その後、その日の振り返りを書かせた。「書かせること」「記録すること」に力を入れて育ててきた4年間だったから、この日も例外にしたくなかった。書き終わった子から就寝させた。

大海2日目、気仙沼市鹿折小学校との乱打戦を11対10で制すると、臼杵市立市浜小学校との2位トーナメント決勝戦も5対3で見事に制した。日本で五指に入った格好だ。

表彰式を終え記念撮影で、昨年度からレギュラーメンバーに入っていたキャプテンがこの2年間で初めて笑顔を浮かべた。安堵感からだろう。

エースの子だけは表情が硬かった。悔しさからくるものだろう。彼は後に高校ラグビー日本代表にも選ばれ、大学ではレギュラーとして秩父宮で日本一を体現した。悔し涙を流した場所でセルフリベンジを果たしたことになる。その姿をテレビで観ていた私は、山口先生の「小学校6年生の子どもたちが日本一なんかになっちゃったらその後の人生どうなると思う?」という言葉を思い出していた。

帰路、新幹線に乗り込むと少し気持ちが落ち着いた。座席から見る景色の流れよりも早く感じた2泊3日。大海に乗り込んで初めて知ることや感じられることを、身体と五感と脳みそでフルに体感した2泊3日。

最寄りの駅に帰港する頃には21時を回っていた。エースの子が私に向かって「お疲れ様でした」と一言言うと、少しだけ微笑んだ。その背中からものすごく成長を感じた。少しだけ池田校長に恩返しができたような気がした。

全国大海から負けて帰ってきた翌日、朝練の時間に3〜6年生の部員を集めて結果報告をした。日本一の小学校にしてやれなかったことを詫びた。そして信じてここまでついてきてくれたことに感謝の気持ちを述べた。

その日の夕方から地域の方たちへ御礼を伝えるために挨拶回りをした。一様に「先生ありがとう　ようがんばってくれた」と言ってもらえた。労いの言葉をかけてもらえばかけてもらうほど、日本一の地域にできなかったことに悔しさを覚えた。余裕のない中、タグラグビー部の活動のためにお金や時間をかけてくれた保護者に申し訳なかった。

競技の監督をするとはこれほどまでに苦しい思いをするということなのだと実感した。恩師たちへの尊敬の念がより深まった。

池田校長はたびたび校長室で労ってくれた。「自分が生まれ育った地域だけで勝負するのではなく、広い世界に向けて挑戦すること」「毎日、生活習慣を意識して過ごし少しずつ努力を積み重ねること」「部活動のやりがいを基盤として、様々な学校生活において前向きに取り組むこと」、これらの姿勢を児童から引き出してくれたと。〝教え子〟への最大の賛辞に恐縮の極みだった。

3年生を担任してから、紆余曲折だらけの4年間。まさに「寝る間を惜しんで」力のない自分に自己投資を続けた4年間。子どもたちと一緒になって〝可能性への挑戦〟を続けた4年間。あっという間の4年間。この4年間は、子どもだけでなく保護者や地域の方、素晴らしい出会いに恵まれたものだった。

私の手元に一枚の写真がある。全国大会2日目、終了間際に決勝トライを決めた瞬間の写真だ。拳を天に突き上げ、達成感や充実感がまさに全身から溢れ出している。

この子はヤンチャで仕方のなかった子の一人だ。この子もまた他の子たちと同様、早朝から夕方までを可能性に挑戦する時間として一身に努力を重ねた。そして自分なりの何かを摑み取り、その拳を天に突き上げた。いや、自然に突き上がったのだろう。

私は苦しいとき、この写真の教え子の姿を思い浮かべる。ブレそうになったとき、たくさんのものを摑んだ教え子のこの拳を思い浮かべる。

この拳が摑んだものは、可能性や将来展望という、目には見えずとも人間を突き動かす原動力となる、生きる力の源泉なのだ。

将来の豊かさにつなげるために

次の年、5年生の担任になった。明るくパワフルで活気ある学年だった。気がつけば前の4年間の余韻などどこ吹く風で、目の前の子たちに必死になった。ならざるを得なかったとも言える。

それでも全国大海で負けた傷跡はなかなか癒えなかった。分析のためにビデオを見返しても気がつけば感傷に浸っている。そんな私を勇気づけてくれたのはそれまでの8年間、共に京都のタグラグビー界を発展させるために集まった同志たち、「京都府小学生タグラグビー委員会」（以下、タグ委員会）のメンバーだった。京都市はラグビーが盛んな地域なので、私のように「小学校教員でありながらラグビーの指導もしたい」人間が少なからずいた。

タグ委員会を語るうえで避けては通れない人物が2人いる。一人目は中住院一先生である。中住先生は私にとって「希望の家保育園の先輩」である。中住先生は親分肌であり面倒見が良い。タグ委員会がこれほど大所帯になったのも中住先生の影響力と存在感あってこそである。

そんな中住先生から私自身が最も大きく影響を受けたのは「先生たちが生徒指導に前向きに取り組むための環境づくり」である。池田校長はよく言っておられた。「タグラグビーを教えるのではなく、タグラグビーで教えろ」と。それを伝え周囲に実感させたのが中住先生だ。

中住先生は主に若い世代の先生たちに、タグラグビーの指導を上手く活用して学級経営や学年経営に活かす術を伝えていた。週に1回のクラブ活動や部活動の時間にタグラグビーを通して、児童に自信ややりがいを与えることが大切だということを、熱心にその背中で語っていた。いつか私が中住先生にその理論と実践のベースになるものを聞いたところ、こんな答えが返ってきた。

「自分自身が中学生時代にラグビーを通して先生に必要とされた。誰かに必要とされることの喜びを初めて知った。その経験が自分自身の中に生きてる」

二人目は田中義人先生である。田中先生との初めての出会いは、私が大学4回生の頃にまで遡る。その日、山形先生の自宅に招かれた私は囲炉裏《いろり》でちゃんこ鍋を食べようとしていた。次の瞬間、ピンクのスーツをまとい黄金のネクタイを締めたスキンヘッドの若者が現れた。当時20歳の田中先生である。スーツよりもネクタイよりも澄んだ瞳が輝きを放っていた。

衝撃的な出会いから4年後、私の勤務校の隣の小学校に田中先生が赴任することになった。夏休みには2日に一度はタグラグビー部の合同練習を行った。ハードタックラーの田中先生の教師としての指導はさらにハードだった。

合同練習前、田中先生が経済的に苦しい児童に朝ごはんを手渡す姿をよく見た。おにぎりや菓子パンではない。袋で手渡している。その中にはいわゆる「ファミリータイプ」の、家族で分けて食べるパンが入っていた。バナナも「一房」入っていた。経済的に苦しい家庭には親身になって寄り添い、常に「子どもファースト」の姿勢をどんな時でも貫いた。

象徴的な出来事がある。タグラグビー全国大会近畿ブロック予選でのことだ。田中先生率いる小学校は準決勝まで勝ち進み、あと一つ勝てば念願の全国大会初出場というところまできた。相手は京都市立の強豪で、実力伯仲ではあったものの、やや田中先生の学校の方が地力は勝っていると私には見えた。

田中先生は、10名までの登録メンバーのうち、控え選手である5名をスターティングメンバーとして起用していた。当然、押される。ディフェンスを破られトライされる。前半の7分間、終始劣勢であったが田中先生はただただ試合を見つめるだけだ。後半の7分間はレギュラーメンバーを出場させた。互角である。結果、1点差で涙を飲んだ。

一般的に考えれば控え選手は起用しない。「勝たないといけない」試合だからだ。田中先生も地域や保護者の期待を一身に背負っており、負ければ叩かれることも理解していたと思う。それでも田中先生は登録メンバー10名全員を試合に出すことにこだわった。

私も含めて他の指導者だと、「勝たないといけない」試合ではどうしてもレギュラーメンバーの起用時間が大半になる。田中先生がそうしなかった理由は、小学生という発達段階を一番に考えてのことだろう。一人でも多くの子どもにタイトな試合を経験させることが、これからの人生の荒波を越えていく力になると信じているからだろう。田中先生は「目先の勝利」ではなく「将来の豊かさ」をとったのだと思う。

もちろん「勝たなければいけない試合に勝ち、全国大会という舞台を経験させることの方が豊かさにつながる」という意見があるのも想像に難くない。それもこれもすべて想定しての起用だったと思う。現に田中先生は試合後、涙を流しながら「ここまでついてきてくれた子どもたちに申し訳ない」と言ったが、起用方法については一言も触れなかった。

中住先生と田中先生の姿勢はタグ委員会にとって羅針盤とも言えるだろう。二人ともその毛穴から出ている哲学や思想がタグ委員会の礎となっている。言うなれば「勝ちの価値について研鑽し続けろよ」ということだろう。「目先の勝利だけを追いかけることが子どもたちの豊かさにつながるのかどうかへの問いを根底にもって指導しろよ」ということだろう。目先の勝利を追いかけがちな私にとっても、二人の存在はとても大きかった。

そして「常に弱者や貧者の目線で社会を見つめてほしい」というメッセージも二人は発している。タグ委員会では原則、公式戦も各学校の体育の服（体操服）で参加するようにアナウンスしている。これは保護者の負担をできる限り少なくするためのものである。

各小学校でそれぞれのユニフォームを揃えることは、小学校やチームへの帰属意識を高める意味でも各校の特色を出す意味でも意義はある。しかしそうなると、ユニフォーム代は保護者負担になることが多い。ジャージからソックスまで揃えれば結構な金額になってしまう。

体育の服での参加にすると負担はかなり軽減される。公式戦で着用するゼッケンは各校公費で購入するので保護者の負担にはならない。特別に購入するものはスパイクくらいである。そのスパイクも履くか履かないかは任意であり、普段履いている運動靴で参加している児童も少なくない。

これらがタグ委員会自体の値打ちであると私は思っている。この価値を支え発展しようとする多くの仲間がいる。

タグ委員会の成り立ちや特色、そして強みを一言で言うならば「ファミリータイプ」と言えるだろう。家族のような絆をつくるために協力し歩んできた。もちろん良い面だけでなく課題もある。これからもウエットな関係性を基盤にしながら「豊かさ」や「貧しさ」について見つめ考え続けることが、この組織を光り輝き続けるものにする鍵になるであろう。

ある児童の話である。その児童はいわゆる〝いい選手〟だった。パスワークは軽やかでステップワークも柔らかい。フィットネスも高かった。何より素直で純粋だった。伸びる要素に溢れていた。

ある日の練習中、精彩を欠くステップワークだったので私から声をかけた。

「真剣にステップ切ってるか?!」

「はい！」と気持ちの良い返事が返ってくる。

返事とは裏腹にステップワークに変化はない。現在に輪をかけて未熟な当時の私は、指導者としてあるまじき言葉をかけた。

「ほんまに真剣にやってんのか?!」

厳しい口調になっていた。それでもその子はいつもの笑顔で「はい！」と返すだけ。その時の私は何も気がつかず、そのまま他の児童の指導にあたっていた。

翌日もその翌日も、その子のステップワークに切れが戻ることはない。ここで初めて異変に気がついた。

「靴見せてみ」

靴を脱がせ、ソールを見た私は絶句した。ほぼソールがなかったからだ。見た瞬間に申し訳ない気持ちでいっぱいになった。

「どこで買ってもらったんや？　いくらの靴や？」

こんな私の質問でも笑顔を絶やさず彼はこう答えた。

「スーパーで700円ぐらいやったと思います！」

きょうだいの多い家庭で育った子だった。決して裕福とは言えない家庭だった。他者の痛みがわかる子だったから、「親に靴を買ってもらったら負担をかけることになる。ボロボロになるまで履き続けよう」、そんな思いであの靴を履き毎日タグラグビーの練習をがんばっていたのだ。

それなのに私は子どもの変化に気がつかず、厳しい口調で叱りつけるだけ。「きつく言うて　ごめんな」と謝るのが精一杯だった。それ以来、児童・生徒の服装や身なり、持ち物に気を配るようになった。

当時、タグラグビー部では週末になると公式戦や練習試合で出かけることが多かった。保護者の負担をできる限り少なくしたいと考えた私は、よほどのことがない限り最寄りの地下鉄駅から行ける範囲内に絞って参加するようにした。京都市の地下鉄には「一日乗車券」なるものがあり、小学生なら何度利用しても300円（当時）で済んだからだ。毎週末出かけるわけではなかったから、月に1200円程度の負担。これくらいなら安いだろうと私は高を括っていた。

ある感受性の強い、同級生にも気遣いのできる子がいた。その子が、平日の練習は毎日来るが週末になると用事を理由に来なくなった。2週間ほど様子を見たが3週目も来ない。つくづく感性の鈍い私が〈様子がおかしい〉と思った矢先に保護者から電話が鳴った。

「先生、月に1000円も交通費払えるわけないです。うちの家の経済力考えてほしいです。うちの子、気を遣ってか週末に試合があることを伝えてくれません。カバンからお便りが出てきて初めて知りました」

家庭訪問に向かう道中、本人や保護者の気持ちに思いを馳せ涙が出た。保護者の顔を見て何回も何回も謝った。

「李先生のことは認めています。感謝もしています。ただ貧乏な家の子でも楽しんで胸張ってできる、そんな部活にしてほしいんです」

怒鳴られてもいい場面なのに、私への怒りを抑え私に気遣いながらそう言ってくれた。

次の月からできる限り交通費を使わないように、近隣の学校と試合をするようにした。

当時のタグラグビー部には素晴らしいプレイヤーが多くいた。ただ、校区内にある中学校にはラグビー部がなかった。市内には80弱の中学校があるが、ラグビー部のある中学校は20校弱だった。タグラグビーで自信をつけた子の中には、親元を離れてラグビー部のある中学校に通う生徒も出てきた。

もちろんそれには一定の経済力が必要だ。だから、むやみやたらに「中学生になったらラグビーした方がいい。才能がもったいないぞ」などと児童に言うことはできなかった。

しつこいがこの頃、本当に素晴らしいプレイヤーがたくさんいて、あの子もこの子もみんなラグビー部のある中学校に通ってほしかった。ラグビーをすればいいプレイヤーになる。高校進学の進路も開ける。間違いなく高校日本代表にはなったであろう才能ある子もいた。

多くは校区内の中学校に進学し、ラグビー以外のスポーツを選択した。家庭の経済力によって子どもの選択肢が狭まることに悲しさと悔しさを覚えた。

その5年後、「伏見ラグビーフットボールクラブジュニア」が創設された。私は今でも理事として関わらせていただいている。入部しているのは進学先の中学校にラグビー部がない子がほとんどだ。

私が教えた子たちは間に合わなかった。でもこうしてその経験を生かし、ラグビーをしたい子たちが保護者の経済力に左右されることなくラグビーができる環境づくりに関われた。

保護者の経済力にかかわらず、子どもたちが可能性を拡げたり伸ばしたりできる社会づくりにこれからも貢献したい。教え子や保護者の顔を思い浮かべながら、その思いを強くする毎日だ。

第7章　教師としての自己変革

ラグビーなしで子どもと関わる

冬のある日、校長室に呼ばれた。池田校長からこう告げられた。

「李、今年度をもって異動や」

寝耳に水だった。

「お前はほんまにようやってくれた。次の異動ではお前の望みが叶うよう教育委員会にできる限りかけ合ったる。お前は今後どうしたいんや？」

池田校長が気遣いながら私の思いを聞いてくれる。

「僕はやっぱりいつかは中学校教師になりたいです」

そう伝えると、池田校長はこうおっしゃった。

「わかった。それやったら小中一貫校の方がええ。小中一貫校の青藍小中学校でがんばるのはどうや。お前がその気になったら、ラグビー部もタグラグビー部もつくれるやろ！」

叱咤激励を受けた私は、校長室を出て廊下を歩き始めるとめまいがしそうになった。

「よりによって、授業研究に力を入れている青藍に行くんか……」

それから数日間は睡眠が浅かった。不安でいっぱいになった。それでもそんな素振りは見せまいと何とか卒業式を終えた。

思い出の詰まった桃嶺台小学校の体育館で行った離任式。最後の校歌を歌うと涙が出た。スピーチでは「俺は池田校長みたいな教師になりたい」と告げた。池田校長は泣いてくれた。その晩の慰労会でも池田校長は泣いてくれ、不安でいっぱいの私を同僚たちみんなが励ましてくれた。


4月、青藍小中学校へと異動した。校長室で辞令や事務手続きの書類を渡すと、初田幸隆校長は笑顔でこうおっしゃった。

「タグラグビー部もラグビー部もないのに申し訳ない。よろしくお願いします」

私は「とんでもないです。精一杯がんばります」と答えた。本当にとんでもないのは初田校長の実力だった。

初田校長とは実は約半年前の宝が池球技場でお会いしていた。その時にわざわざ私にこんな風に言ってくださった。

「わしは李先生に青藍に来てほしい。校区には児童養護施設もあるし社会的弱者の子もいる。そういう子たちに対して君なら向き合えるやろ。きれいな生徒指導やなくて泥臭い君みたいなタイプの教師が欲しいんや。すぐにとは言わん。池田校長が君を離すまでは待つ」

その時は正直、リップサービスくらいにしか受け止めていなかった。まさか自分が授業研究のパイロット校に赴任するなどとは夢にも思っていなかったからだ。

初田先生は一言で言うと、これまで出会った「絶滅危惧種」のうち最も稀少な絶滅危惧種である。異動した直後からよく校長室に呼んでいただき、いろいろな話をしていただいた。時には教職員研修と題して教職員の前で二人でディスカッションをしたことまである。

初田先生は「高性能のコンピューターを積んだブルドーザー」と言われるほど知性と行動力を兼ね備えた方だ。次から次へと言葉が溢れ出てくる。それがあまりにも理路整然としていて〈この人、台本を読んでるんちゃうか〉と思わせるほどだ。

私と同じ伏見区生まれ伏見区育ちということや、中学生の頃はラグビーをされていたこともあり、共通の話題も多かった。初めて赴任された中学校ではラグビー部顧問として、また補導主任や同和主任として、生徒たちとまさに格闘しながらの教諭時代だったそうだ。私がこれまで会った誰よりも「キレキレの知性とバリバリのバイタリティ」の持ち主だった。

「うちには授業の上手い先生はいっぱいおる。李先生にはハートで真っ正面からぶつかる姿勢を子どもにも先生たちにも見せてほしい」

異動1年目はそんな風によく言ってくださった。

青藍小中学校自体が、この年開校3年目で出来たてほやほやの学校だった。京都市中心部では初めての小中一貫校ということもあり、地域の方々も教職員も教育委員会もそれぞれに大きな期待を寄せていることを常に感じるような毎日だった。

小中一貫校とは、小学校と中学校の課程に一貫性を持たせた体系的な教育を行う学校である。小学校と中学校が同じ施設にある施設一体型や、施設隣接型、施設分離型があり、9年間の教育を、従来通りの6・3制に区切る学校もあれば、4・3・2制や5・4制にする学校もある。青藍小中学校は施設一体型で、4・3・2制を採用していた。


異動は想像以上に苦しかった。それまでの経験を良い意味で捨てて、小学校でも中学校でもない小中一貫校の教員としてスタートを切ることにつまずいた。

初田先生は事あるごとに「生徒理解と自己変革。自分が変わらなかったら、相手に受けいれてもらえない」とおっしゃった。まさに私はその時期に来ていた。培ったことだけでは当然、教員としてやっていけない。頭で理解していても、いざ実践となると苦しかった。

1学期が始まり数日経ったときのことだ。2階から1階にある中庭に向かって自分のカバンを勢いよく放り投げている生徒がいた。私は優しい口調で「危ないで」と声をかけた。その生徒は「は？」と返したように思う。

その瞬間、私の血管は沸騰した。今なら優しく諭すだろうが当時、念願叶って中学生に向き合う機会を得た私のモチベーションは、恐ろしいほど高かった。〈ぶつかったるぞ。特にヤンチャ相手にぶつかったる。全身全霊や〉などと、今思えば若気の至りなんて聞こえの良い言い回しも使うことのできないほど、32歳の私はギラギラしていた。

すぐにその中学生と取っ組み合いが始まった。勝った気でいた私だったが、後から聞くとその子はキックボクサーで、誰もうかつに手を出せない境遇の子だった。血管が沸騰している私の相手など朝飯前だったであろうが、手を出すことなく私の勢いを受け止めてくれた。

すぐに駆けつけた担任の先生のフォローにより、落ち着いてその子に私の思いを伝えることができた。私が謝るとその子も謝ってくれた。「タイマン張ったら友達や」と、田中先生がよくおっしゃっていた言葉を思い出し貸してもらった。その後、ハグをした。数日後、その子はトイレで話しかけてきてくれた。心が通い合ったと勝手に解釈する自分がいた。

異動した1年目、こんなことは日常茶飯事だった。開校間もない当時の青藍小中学校は生徒指導上、落ち着きがなかった。それもそのはず、2中5小が統合する前例のない試みの中で出来た学校で、生徒はもちろんのこと教職員も教育委員会も地域も、そこに関わるすべての人たちにとって手探り状態だったと言える。

そんな状態の中で青藍小中学校が私自身を育ててくれた。小中一貫校では小中関係なく、教員は9学年全部の指導を行う。中でも特に、異動初年度の9年生（中学3年生）たちには育ててもらった感が強い。ヤンチャな子の多い学年で、私がぶつかり合ったのはほぼこの学年の子たちだ。馬力のある子たちだった。

ぶつかり稽古は突如はじまる。廊下でもグラウンドでも、朝でも夕方でも関係ない。出会って火花を散らしたら「はっけよい　のこった」である。そしてフォローも含めて落ち着いて話をすれば、次の日から良い関係を築けることが多かった。純粋で真っすぐな子たちが多かった。もちろんぶつかることができたのは、学年主任をはじめとしてフォローしてくれた当該学年の先生方の存在あってこそである。

子どもたちとのぶつかり稽古の後、初田先生は必ずと言っていいほど校長室に私を呼びフォローも含めて私に様々な話をしてくれた。初田先生自身の生徒指導上の経験や、これからの日本における社会の規範はどんなものになっていくのかといったこと。いつでも「泥臭くぶつかることのできる李くんの在りようを認めているよ」と言ってくれた。

教師として中学生に関わるのは初めてだった。そのことによる苦悩はあったものの、ある意味「望んでいた苦悩」でもあった。中学生との関わりの中である程度は苦労することも前提として頭にあった。

前提になかった苦悩、それは「ラグビーやタグラグビー抜きで教師としての力量のみで教師をやりきること」だった。いざ異動してみると至るところでつまずいた。児童や生徒との関係、担任としての保護者との関係、地域との関係などなど、どれにも難しさを感じた。

教育に関わり始めた20歳の頃から10年以上、私にはラグビーやタグラグビーという大きな武器というか大きなソースがあった。それらを前提に、教師として指導者としての熱さや篤さを伝えているのが実状だった。「ラグビーやタグラグビーありき」だったのだ。

それが青藍では当然のことながら、一人の教員として授業を中心に、日々子どもたちや保護者と向き合わなければならない。離れてはじめて、自分自身の力量なんかではなくラグビーやタグラグビーに助けてもらっていたのだと気づいた。

青藍小中学校では学校組織をあげて授業研究・授業改善を訴えていた。授業研究のパイロット校として、授業力の高い先生方を京都市中から集めているような学校だった。

〈ここで授業について学ばないでどうする。給料をもらいながら学校に通っているような気持ちでやりきろう。絶対に6年間は逃げないでおこう〉

と自分自身に言い聞かせるようにした。

自分にあらゆることを言い聞かせ、自らを鼓舞する毎日はなかなか苦しかった。6月初旬、休日参観の後、気が抜けたのか全身に力が入らなくなった。とにかく人がいないところを求めて気がつけば先斗町《ぽんとちょう》の公園にいた。

なぜそこに行ったのかも記憶にない。そして、あろうことか缶ビールか何かを飲んだ。気がつけば夕方だった。その後も何時間も公園のすべり台に寝転がり夜空を見つめていた。

とにかく寝転んでいたかった。自宅に帰るパワーもなかった。飲めもしない酒を飲み夜空を長い時間見つめるなど、相当弱っていた証拠だ。疲れを感じると少し遠出して海を長い時間見つめたり川辺を歩いたりする習性があることは、私自身もこの時に知った。

授業研究・授業改善を迫られるということは、当然のことながら私自身の授業を他の教員が見る必要があるということだ。当時、研究主任がすごい授業力の持ち主で誰からも一目置かれていた。その先生を中心に、私の授業や授業研究を批評してもらえる。こんなにありがたいことはないのだが、当然その営みは多くの自己批判を伴うのでストレスも多い。

特に異動1年目は、自己変革や自己批判の荒波に慣れるための苦労だらけだった。私というボートは、イカダ並みの脆弱性だった。溺れないように、ドロップアウトしないように必死だったが、振り返ればこの1年が私を強くしてくれた。

むなしい家庭訪問

翌年、自身4度目となる6年生担任をすることになった。一人一人が「思考→判断→行動」できる力のある子どもたちの集団だった。相対的に家庭の教育力も高く、それまでの自身の経験も相まって担任業務としてはそこまで苦労を感じなかった。

教室の中は、穏やかな子や優しい子が醸し出す温かい雰囲気に包まれていた。力もあり経験も豊富な学年主任のサポートもあった。子どもたちにも同僚にも支えられたチャレンジングな日々だった。

苦しんだのは「小中一貫校としての6年生担任」という、その特異な在りようについてだった。〝最高学年ではない6年生担任〟という事実に大いに苦しんだのだ。

登校しにくい児童がクラスの中に1人いた。悠一は、学力の高さは申し分なかった。人柄も穏やかで優しかった。教室の中で困らせるようなことは何一つない子だった。私個人とのやりとりにも何も困ることがなかった。いつも敬語で丁寧に話す態度に好感をもった。しかし、登校はしにくいのである。無論「ちゃんと登校せなあかんやろ」などとは悠一本人に言わない。登校にしくい背景があるだろうからだ。

何がそうさせるのか、それを知る最も有効な手段は家庭訪問である。登校してこない日の放課後、家庭訪問に行く。18時頃である。

悠一は部屋で漫画を読んでいる。私の姿を見ると自然と正座をする。この姿から、登校しないといけないことを十分に承知していることは伝わってくる。隣に座り一緒に漫画を読む。おすすめの漫画を教えてもらう。そうこうしながら本題に入る。「今日、学校ではこんなことがあったよ」と。

奥の部屋にはお父さんがいる。ほぼ毎日いてくれた。いつかの家庭訪問みたいに高いハードルはそこにはなく、いつでも丁寧な対応だった。

「先生、学校行きまへんねん」「先生、たのんます」「先生、学校で勉強できるよう何とかしたってください」

こちらの思いも伝える。

「お父さん、朝起こして朝飯食べさせて通学服着たの見て、玄関から出すまではお願いしたいです。登校さえしてくれたら責任もって学校で預かって、責任もってお家に帰します。家から出すまではお父さんがやってください。お願いします」

お父さんはこう返してくる。

「それができたらやってまんがな。わしかてそうしたいし、子どもにもそうしてほしい。そやけど学校行きよらへん。なんか嫌なことでもあるんか聞いても、ないって言いよる。こんな大きいなった子をひきずっていくわけにもいかへん。先生、わしも困ってんねん」

そしてこのお父さんは理路整然と、家庭の現状やこれまでの経緯、その経緯に依拠した目の前の子どもの様子を話してくれた。お父さん自身が困っていることも明け透けに話してくれた。

李「ほな、明日から7時45分に迎えに来ますぅ」、父親「おおきに。先生たのんます」。

それまでの私なら、この台本のような台詞を放ち5秒で完結していた話だ。しかし、小中一貫校である青藍の6年生担任としてはそうはいかなかった。

採用前を含めて小学校の教師として9年間を過ごし採用10年目となるこの年、目の前の登校しにくい子どもと校内の生徒指導体制の狭間で葛藤し、大いに思い悩むことになる。

まだ〝小学校の〟6年生担任のイメージでいた私は、朝から悠一を起こし朝ごはんを家で簡単に済ませるか、なければ通学路のコンビニで買って一緒に登校すればよいだろうと考えていた。道すがらいろいろな話をして本人と人間関係をつくり、半年ほどかけて自ら登校できるようになればいいだろうと。

当然、上司たちから「待った」がかかった。「それをすることが7年生からの3年間、その子が自ら登校できる支援となりうるのか」「家庭の教育力を上げることも方針の一つとしてもっておかなければならないのではないか」といった意見であった。

小学校の担任なら、この私の行為は「熱心」の一言で完結するのかもしれない。それはある面、「小学校卒業」と「中学校入学」という教育制度に支えられた営みでもある。迎えに行って一緒に登校できるのは「小学校の間だけやで。中学生になったら自分で行けるようにならなあかんで」と児童にも保護者にも言えるし、現にそう言ってきた。

中学校教員も「中学校では自分で登校できるようになってほしい。3年後には高校進学か就職という進路選択が待っている。どちらを選ぶにせよ、朝に誰かが迎えに来てくれることはない。だから自分で登校できるようにしよう」と、原則そう言うだろう。

しかし、小中一貫校ではそうはいかない。入学すれば卒業するのは9年後である。良くも悪くも区切りがない。同じ職員室に小中の教員が机を並べて仕事をしている。空間的にも観念的にも地続きなのである。こうなると「6年生の時はここまでしてくれたのに……」「なんで7年生になった途端……」「6と7に何か区切りがあるの?」といった心理に保護者が陥るかもしれない、と教職員が考えるのも無理はない。

三上先生から教えてもらったことの一つに、

「個人として自分の思いは伝えたらええ。でも、その思いも含めて学年主任が決定したことについてはそれを尊重しなあかん。それが学年。それが組織。そうしないと負担や被害はすべて児童に返ってしまうよ」

というものがあった。私の中で「ストン」と落ちた教えの一つだ。だからこの時も方針や生徒指導体制に従った。

家庭訪問には毎日行った。悠一に「学校に来てほしい」ことや「クラスには君の存在が必要なこと」を伝えた。毎晩伝えた。超ナンセンスなのはわかっていてそうした。そうしないと何をしに毎晩悠一に会いに行っているのかわからなかったからだ。

2週間もすれば、私が行く時間を見計らって近くの公衆浴場に行くようになっていた。当然、その浴場まで私は行く。桃嶺台小学校時代なら間違いなく靴下を颯爽と脱ぎ捨て浴場で説教していたところだが、私も30を過ぎ少し大人になっていたので脱衣場で待ち伏せる。目の玉に炎が燃えたぎった状態で待ち伏せる。出てきた瞬間、説教する。

「明日からは来いよ」

「はい」

ファミコン時代の「ドラゴンクエスト」のような会話である。「話す」→Aボタン→同じ台詞。こんなに虚《むな》しい家庭訪問は後にも先にもなかった。激しく葛藤した。

〈その日にあった学校での出来事とかその子が興味あること話して、それで終わりかいな。押してだめやったら引いてみろ、か？　恋愛ちゃうぞ。引きずってでも連れてきて、校内で成功体験増やして、自己評価上げてやるんがこの子のためや。学校での居場所づくりや〉

〈こんな家庭訪問やったら俺以外が担任でもええやんけ。ソフトでマイルドでファジーなプレースタイルの教師にやらせろや〉

なんと稚拙で傲慢な葛藤内容か。

家庭訪問後、23時頃まで学年主任にありったけ思いをぶつけたこともあった。主任は、失礼で子どもじみた当時の私の訴えにも、

「てうの気持ちは、ようわかる。わしも、こうして上司に当たったことがあった。そやし、ようわかる」

と言ってくれた。組織全体と学年との間で主任も相当板挟みになっていたはずだ。しかし、それをおくびにも出さず、一緒に家庭訪問に行ったりお父さんと話したりしてくれた。せっかくそこまでやってくれたのに、なかなか結果は出なかった。

海の家

そうこうしているうちに、6年生にとってのビッグイベントである「海の家」での宿泊学習の日が訪れた。

これを一つの契機とするしかない。これを機に登校したいと思わせるような学級づくり、仲間づくりしかないと私は意気込んだ。この機会を逃せばおそらくもう自らの足で登校することはないだろう。

家庭訪問後、自宅に帰ってからあれこれと頭の中で策を巡らせる。全くと言っていいほど良い案が浮かばない。このままでは〈ここまでがんばった自分が浮かばれない〉とまで思っていたように思う。誰のための担任か。

無情にも出発の日がやってくる。とにかく、まずは本人が宿泊学習に参加することだけを祈り、学校の門をくぐる。悠一はとてもいい顔で登校してきた。

これといった案も出ないまま海の家に到着し、活動に入る。初日から悠一もクラスも学年も、何も問題なく活動を終えていく。

力のある子が多くいたので、失敗することも少なければ意見をぶつけ合ったり揉め事を起こしたりすることもない。

まさにそこに気づきがあった。多くのことが無難だったのだ。

同学年の担任ですごく力量のある教師が事あるごとにクラスを集合させて語りかけ、気づきを与えていた。「ほんとうにこれでいいのか?」と。ストイックに高みを目指していた。一方、私は「まあ、これだけできる子たちやし、ええか。これぐらいで」と、子どもたちが伸びゆく可能性を安く見積もっていた。

前任校の子たちと比べると落ち着いて物事を進めていく子どもたちを前に、私自身が無難に生き、無難な選択をしていたということだろう。無難なこと自体を批判しているのではない。挑戦することをやめていることを批判しているのである。

海の家での活動が非日常であることは間違いない。しかし日常生活と完全に切り離せるものでもない。海の家と学校は地続きである。改めてそんな風に思うと、クラスという単位の中で海の家という非日常を暮らす私のクラスの子どもたちは無難の塊であった。

集合時間ギリギリでも間に合えばいいだろう、食事後のテーブルもすぐに誰かが使うのだからきれいにしなくてもいいだろう、海の家というこのイベントをどうにかやり過ごせばいいだろう、と目的意識のない活動の連続であった。意識させられなかった担任が悪いのは言うまでもない。

反省しながらクラスの子たちを見つめる。子どもたちにどう気づきを与えようかと悩む。

2日目の夜、児童一人一人の主体性の低さに問題を感じ、学年集会を開いた。しかし、良い話し合いとは言えない子どもたちの様子を見て、教員の我々は各クラスに分かれて話し合い、もう一度、この海の家での活動の目的を見つめ直す機会をもつことにした。

教室よりやや大きい学習室にクラスの子たちと入る。ここまできてノープランである。ふと見ると、学習室の最後部に初田校長が座られた。

一気にスイッチが入る。期待を感じたからだ。もう、それならシンプルに一人一人、自分自身の在りようを問おうと思った。一人一人の中にはもちろん私自身も入っている。

私が「わざわざ海の家まで来てるのに、何でも無難に終えていくクラスメイトや自分自身に気づいていても何も言わない。そんな関係性でいいのか。高め合える関係性でないとあかんのちゃうか。互いに気づいたことは言い合える仲でありたいし、自分の困りやサポートしてほしいことを伝え合える、そんな関係性を築かないとあかんのと違うか」といった主旨で真剣に語りかけると、思わぬ展開が待っていた。

悠一が涙ながらに語り始めたのである。自分は登校したいと思ってはいるがなぜかしにくいこと。なぜなかなか登校できないのか自分自身でもわからないこと。自分自身とても困っていること。その語りからは切迫感のようなものが伝わってくる。

　すると、シクシクと泣く声、鼻をすする音が聞こえてくる。悠一の語りに数名の女子児童が泣き出したのだ。クラスメイトが勇気を振り絞って自分の悩みを伝えてくれたからだろう。その語りに通底する、クラスメイトへの信頼感を感じたからだろう。

　悠一の胸の痛みと自分の胸の痛みとがシンクロしたのではないかと思う。

　そんな教え子たちの姿を見ながら、私は冷静に話を聴き、そして感動しているふりをしていた。平静を装い内心〈なんじゃこりゃー！〉〈なんちゅう展開じゃー!!〉と驚きを必死に隠した。悠一がこうして悩みを吐露するとは思いもしなかったからである。シナリオにあるはずもなかったからである。

　悠一が自分自身のことを語ると、その姿勢に続こうと何人もの子が自らを省みて話し始めた。中には悠一の告白に対して自分の思いを語る子もいた。鼻をすする音と何とも言えない緊張感みたいなものとに包まれた、まさに非日常であり異空間だった。

　ちっぽけな私という担任が示す範疇を大幅に超えていく子どもたち。純粋さや真っすぐさで担任の認識を覆す子どもたち。終始、子どもたちの力や感性に圧倒された数十分だった。

　決意を新たにした子どもたちが宿泊棟へ戻っていく。悠一を呼び止めて私の思いを伝える。

「君の思いを想像できず、受け止める姿勢を見せられていなかったことが申し訳ない」と。

　悠一は「とんでもないです」と答え、「自分自身の弱さなんです」といったようなことを笑顔を交えながら話した。その笑顔が余計に私の胸を締めつけた。

悠一から最も伝わってきたことは「自分自身でもなぜ登校する気にならないのかがわからない」「自分自身でも理解できない」ということだった。私にとってそれは頭では理解できていたことだ。しかし感情が邪魔をして、そのことが私の胸の中で落ち着かないそれまでの半年間だったんだと思う。

むやみやたらに登校刺激を与えることだけが是ではない、そう実感した。インコースギリギリを直球勝負するのみの私のプレースタイルでは、この先立ち行かなくなるであろうことが直感的にわかった。

教員の待機部屋に戻ると、初田先生が迎えてくれた。開口一番、

「李先生、ものすごく良かった。いい時間やった。子どもたちのいい姿が見られた」

とおっしゃった。安堵感もありうれしかった。

そして1時間ほどかけてフィードバックしてくださった。

「あの子がなんであの場面で悩みを語れたんやろう。それを正確に分析することなんてできないけど、間違いなく言えることは、あの子にとって悩みを吐露できる信頼関係がクラスの中で出来上がってたんやろうな」

「あの子の語りをあの子自身に任せきったことが良かったように思うわ。たとえば登校できない何かの理由に、生まれや育ちや毎日の生活が深く関わっているのかどうかといったことを、あの場面であえて李先生は聞いてないやろ？　そのさじ加減が絶妙やったと、わしは感じてるよ」

これはさすがの一言で、悠一が語り出したときに私は直感的に悠一自身に任せきろうと思った。悠一が語る以上のこと、それこそ家庭の背景を語らせるようなことはしないでおこうと思って聞いていた。それだけに、初田先生の言葉が私の心を余計に強く摑む。

その後も生徒自身のカミングアウトについて、初田先生の持論を語ってくれた。気がつけば子どもたちの就寝確認の時間はとっくに過ぎていた。

悠一の語りや初田先生の言葉を、海の家での活動中に振り返る余裕なんてなかった。何とか活動を終え帰校し、自宅の風呂でやっと自分なりのフィードバックを始めることができた。もちろん答えなど出ないし正解すらない。頭がふやけるくらい考えたけれど、結果は私の体がふやけただけだった。

悠一の語りはすごく良かったけれど、その後3月末まで彼が劇的に変わるようなことはなかった。学校には来たり来なかったり。来たら来たでがんばったし、来ない日の夜は私の顔を見るなり漫画やゲームを放り投げて正座した。

登校にムラのある悠一に対して、クラスメイトたちは変わらず温かく優しかった。それだけでも海の家で活動した価値がある。悠一よりも変わった、いや、変わらざるを得なかったのは私の方だった。

なぜ登校させたいのか

そもそもなぜ、自分はこんなにも、朝から迎えに行ってまで登校させることにこだわっているのか。不登校という選択ではいけないのか。

同じ時期、他にも不登校という選択をした生徒はいた。その子たちにはそれぞれに合った支援を卒業まで継続した。保護者にも本人にも定期的に会い、これからの人生の中で活用できそうな行政サービスを紹介した。諸機関とつながることができるよう積極的に働きかけた。

それには、各家庭と地域社会の窓口や橋渡し役をすることも教師、学校の役割だという割り切りみたいなものもあった。そうやって心の中のどこかで線引きをしないと、目の前の子どもが途端に重荷に感じられてくる。その線引きはいつもつらい作業だった。

見切りなのか線引きなのか、ここには大きな違いがある。線引きだと称して生徒に見切りをつけているのかもしれない。そう思うとどうしても、しつこく生徒に関わろうとする自分が顔を出してくる。

目の前の生徒にどう関わるのかというより、見切りと線引きの狭間で苦しむ自分自身とどう関わるのかという問題だった。「不登校児童・生徒の存在」という社会問題は「社会と生徒との紐帯を結びたい」という私の個人的な問題だった。

私自身の在りようを見つめることから始めるのは必然だった。

ただ私の原則論は、不登校の子にどんな背景や事情があっても「朝に迎えに行ってでも登校させたい」だった。この原則論の土台にある私自身の思想について掘り下げる必要性に迫られた。じっくり考えれば考えるほど答えは出なかった。そもそも答えなんてない問いだ。ただただ、何度もリフレインしてくる言葉や人々の姿が頭の中を駆け巡った。

「教師たるもの学校で勝負や」、この言葉が頭から離れない。誰の言葉なのか私自身の言葉なのかすらも覚えていない。「不登校も一つの選択肢だから」と登校を促すこともせず容認するようではダメだろう、教室という空間を楽しいだけではなく多くの要素を兼ね備えた魅力的な空間にし、登校したいと思えるようなものにしようとする気概が大切だろう、そんな風に自分自身に問いかける。

それまでに出会ってきた保護者や地域の人の顔が次から次へと出てくる。〝出演者〟の共通点は、何度も向き合い時にはぶつかることもあった人たちだ。みんな子どもの頃いろいろな事情で登校しにくかったのだろうけれど、それぞれに学校という舞台に何らかの期待をしていた。学校のもつ意義や、その役割の大きさを認めていた。学校という舞台で少しでもスポットライトを浴びることが、その後の人生にとって有意義に作用すると疑わなかった人たちだった。

みんな「引きずってでも学校に連れていってほしかった」と願う人たちだったのだと思う。出演者の存在が私を安易に「登校しにくいんやから仕方がないか」とはさせないのだと再認識する。

〈登校できないと社会に出たときにあの子自身が困るから、登校刺激を与えているのか。じゃあ、将来働ける人になるための学校なのか？　もちろん、そういう側面もある。そうでなければ社会が成り立たない。社会は働く人の納める税金で成り立っている。では、仮にあの子が将来働けなかったら、あの子はダメな人間なのか。社会の周辺や周縁で生きざるを得ないのか。そんな社会の在りようではダメだろう〉

不登校児童を見つめる視点が社会全体へと広がっていく。それも必然だろう。市民を育てる公教育で働く者として、その視点を捨てることなどできない。

〈あの子が困るから登校させたいのか、社会が困るから登校できるあの子にしたいのか〉

私は教師として、どう在りたいのか。

〈どんなあの子（個人）であっても、受け止められる懐の深い社会であってほしい。あの子にとって現時点での社会とは、すなわち教師である公務員である俺自身やないか〉

〈俺自身の立脚点や錨《いかり》を降ろす場所が一つではあかん。それでは、今後あの子との関係が立ち行かなくなってしまう〉

〈あの子のことを考えることは自分の在りようを考えることと地続きなんや〉

〈あの子と俺は地続きやけど、それを包摂してるのは社会や。あくまで社会の中で俺らはつながってる。己自身の在りようや社会の在りように問題意識をもてる子、問い続けられる子を俺は育てたい〉

目の前にいる担任を受け持つ子が登校できるようになったり登校しにくいままであったりすることに、一喜一憂するのは良くない。当時の私はまさに一喜一憂していた。それだけ目の前の子どもに対して必死になっていたのは間違いない。

しかし、可能性の塊とも言える12歳の子どもだ。これから一歩ずつ未来へと歩んでいこうとする子どもの背中を、無理に、むやみやたらに押そうとしていなかったか。6年生修了時に登校できているという結果に、必要以上にこだわっていなかったか。

上司たちはそのことを私に伝えようとしてくれていたのだと思う。頑なに登校刺激を与えようとする私に、子どもに無理をさせすぎると子どもが本来持ち合わせている資質さえ変容させかねないと、上司は伝えてくれていたのだろう。

不登校児童の人生における結果が何かなど、本人ですらわからない。登校している子どもにとっても同じことだろう。一生を終えるまでにその人の歩んだ人生が結果だ、などと安易に答えを出すこともできない。亡くなってから、その才能や歩んだ人生を評価された先人も多い。

そんな風に考えると、肩に入っていた力が少し抜けるような感触があった。

〈自分が最善だと考えることを、その理由や意味を子どもにわかりやすく伝え実行する、それを積み上げるしかない〉

〈少なくとも9年生卒業時が、その子にとっての結果でもすべてでもない〉

そんな風に言い聞かせて、ほぼ毎晩のように悠一の家のインターフォンを押した。それは6年生が修了する最後の学活の日まで続いた。

児童養護施設の子どもたち

ここで児童養護施設で暮らす子たちについて書かずにいることは、何かあの子たちから目を逸《そ》らしているかのようで書かずにはいられない——。

青藍小中学校の校区内には児童養護施設が含まれている。学年や学級に児童養護施設から通う子がいるのは、私にとって初めての経験であった。〈できる限り一般的な家庭から通う子と同じ姿勢で接するようにしよう〉。誰もいない春休みの教室でそんな風に決心した。この決心も差別意識や偏見を拠りどころとしたものだったと思う。

当然のことだが、児童養護施設で暮らす子たちに共通した特性があるわけでもなければ、外見で判断できるような特徴があるわけでもない。一人一人の生い立ちはそれぞれであり入所した理由も様々で、あの子たちを一括りに表現する記号などどこにもない。毎日の学校生活を時に懸命に生きたり、友達と仲良く過ごしたり、時にダラダラと時間を過ごしたりする、一般的な小中学生と何の変わりもない子たちだ。

あの子たちへの私のスタンスは、徐々に打製石器が磨製石器に変わっていくような、そんな変質を遂げたように自分でも思う。

当初は〈誰にでも同じように指導することが子どもたちへの敬意だ〉という自明の理みたいなものに突き動かされていた。児童養護施設から通う子に指導する際に、変に肩に力が入ったり無意味に前のめりになったりしていたように思う。むしろ厳し目に指導していたような感もある。それは「児童養護施設の子だから」という言い訳じみた言葉や、決めつけのような言葉への自分なりのアンチテーゼだったのだと思う。

しつこいようだが、児童養護施設から通う子も学校での様子は様々で、学習意欲が高い子もいれば低い子もいる。将来展望がある子もいればなかなか見出せない子もいる。学校生活そのものに意味を見出せない子もいて、そんな子に私は全身全霊で向かっていった。

私としてはあくまでソフトタッチな日もあったと回顧するが、その子や施設の職員さんからすればそうではなかっただろう。反省も込めて、神出鬼没な教師だと映っていたのではないかと想像する。

その子は不登校傾向にあった。学年が上がるにつれ欠席や遅刻が多くなっていった。卒業時に進路決定することへの不安がそうさせていたのだと思う。登校してこない日は授業の空き時間に迎えに行き一緒に登校する、私が迎えに行けず欠席してしまった日は夕方か夜に必ず顔を見に行き話をする、そんな4年間だった。

それまでの成育歴で苦しんだ経験と怠惰な面とが相まって登校しづらいのではないか、最初はそんな風に思っていた。しかし、施設のインターフォンを鳴らす回数とその子の部屋の扉を開ける回数が増えるにしたがって、怠惰が理由ではないこと、その子自身も葛藤していることへの理解が深まっていった。

施設や部屋の扉を開けること、言い換えるならば、現場に足を運び自分の目で見ること、肌で体温や息遣いを感じること、その場で思いを馳せること――。その重要性に何度も気づかされる毎日だった。

視野の狭い私のせいで、施設の職員さんには何度も迷惑をかけることになった。職員さんはたびたび私に、過度な登校刺激を与えることはできる限りしないでほしいとお願いをされていた。それでも私は登校させることにこだわり続けた。あの子を見捨ててしまうように思えてならなかったからだ。

私もしんどかったけど、誰よりもしんどかったのはあの子自身だろう。その次にしんどかったのは職員さんたちだったはずだ。それでも1年半以上、毎日のように玄関のドアを開く私のことを職員さんたちは受け入れてくれた。葛藤も多くあったと思う。今、振り返ると、もっともっと密に連携をとって丁寧に私の思いを伝えるべきだったと反省する。

ある日、職員さんと私の間で軋轢《あつれき》が生じた。一本の電話がきっかけだった。

施設の主任さんが、こちらの学年主任との情報交換の中で「李先生の存在が逆に登校を妨げているのではないかと感じている」と告げられたのだ。

これを聞いた私は腹の底から煮えくり返るような怒りを感じた。

〈ほったらかして見て見ぬふりしたらよかったんか〉

〈登校しにくい子から目をそらせて　目の前の子だけに集中したらそれでええんかい〉

行き場のない私の怒りを学年主任はずっと受け止めてくれた。それでも帰り道に施設まで行こうかと思った。こんな思いでやってられるかと思ったからだ。

その時、初田先生の言葉がふと頭をよぎった。

「李先生、児童養護施設の職員さんと生徒たちはまさに家族同然の付き合いやろうな。大家族や。それに比べて教師のわしらは時間に区切りがある。そう思うと職員さんの苦労というのは大変なもんやと思わへんか」

猪突猛進する私を立ち止まらせ考えさせるために、初田先生は言葉を選んで私に語りかけてくれたのだろう。その日の晩、初田先生のおかげで職員さんとぶつかりに行くことはせずに帰路に着いた。

帰宅後、夜じゅう考えた。やっぱり、少しでも背中を押せばまだ登校できる可能性のある子に判断を委ねることはできなかった。それを委ねるのは、自己責任という名の重いバトンをそっと手渡しているように思えてならなかったからだ。

児童養護施設で暮らす子たちの自己責任とは何だろうか。個々が背負うそれまでの境遇にその子自身による責任問題などあったのだろうか。

少なくとも私の目の前を通り過ぎていった子たちのそれぞれの生い立ちに、あの子たちによる責任問題など皆無であったと言い切りたい。

では、あの子たちの親にすべての責任を帰すことが正解なのか。それも違うだろう。あの子たちの親もまた、厳しい境遇の中で社会という荒波にさらされ生きてきた人たちが大多数だった。

波が荒いなら、羅針盤を用いて航路を示す役割がいなければならない。個人にも羅針盤が必要なら社会にも羅針盤が必要なはずで、その羅針盤をつくり永続的なものにするために教育があり、福祉があり、そのために不可欠な資源として税金がある。

社会がつくり出した荒波に責任をとるべきは社会の側である。その波にさらわれそうな個人に「あなたは上手くオールを使って生きることができなかったね」とでも言うのか。

波にさらわれそうな人たちの船を見てほしい。何よりも船底を見てほしい。船底は、海に潜らなければ見ることはできない。その船底が脆弱なのは、その上でオールを持ち必死にもがいている個々人の責任なのか。

生まれながらに大船団の上で、はるかかなたの海を見ながらゆったりと荒波を越える者もあれば、生まれながらに脆弱なオールと小舟で荒波を越えないといけない者もいる。船と舟の船底の違いを知っていながら、それでも「荒波を越えられないのは自己責任だ」と言い切れるのか。

あの子たちもいつかは退所し社会に出る。社会という大海原は厳しい。時に荒波を越えなければならないこともある。でも、ただただ厳しいだけの大海原ではない。波止場や港、誰もいない浜辺もある。小休止することも気の合う仲間と会うことも、もちろん一人でホッとすることもできる。何も大海原をずっと一人でゆくことはない。パートナーやサポーターと共に連なりながら、力を合わせて波を越えてゆけばよいのだ。

教育現場でよく見聞きする言葉に、

「社会に出れば誰も一人一人の生い立ちや背景を見てくれない。一人一人に配慮してくれない。だからその子自身が生きていける力をつけてやらなければならない」

というものがある。

私もそう感じ、そう思い、そんな風に発言していた時期もあった。しかし、青藍小中学校で児童養護施設から通う子たちと共に過ごした6年間で、それは間違いであることに気がついた。それは社会における資本や経済力のある者による一方向から見た欺瞞だということに。

社会は一人一人に配慮すべきだ。人が抱えてきたものをわざわざ見よう、感じようとすることが、特に社会で生きる一人として必須の姿勢だ。

生い立ちや背景の中にある偏見や差別、貧困といった息苦しさの原因となるものは、わざわざ見ようとすることでやっと見えてくる類のものだ。それを見ようともせずに偏見や差別をバネにしろなどという〝バネ論〟は、社会の側の無責任、社会無責任論に他ならない。

社会とは誰か、何なのか。それは社会の構成員である一人一人だろう、自分自身だろう。

母の育った町と夢の舞台と

年度途中、校長室からお呼びがかかる。いつも通りのオーラを放ちながら初田先生はこう告げた。

「李先生、来年度までに中学校社会科の免許取れそうか?」

実はこの時、残る1教科を単位認定されれば中学校社会科の免許が取得できるところまできていた。ここに至るまで、毎朝のようにレポートを作成し試験前には解答を丸暗記してきた。

しかし、単位認定基準が厳しくどうしても取れない教科が一つあり、忙しさにかまけて半ばいったんお預けにしている自分がいた。

「はい、何とかします。がんばって取ります」

瞬間的に答えた。この機会を逃すのはあまりにももったいなく思えたからだと思う。

「必ず取ってくれよ。中学校教師への夢は諦めてないやろ？　わしは6年生から9年生の4年間、この学年の担任をしてもらえればと考えてる。本来はどの教師の言うことも聞ける子に育てなあかん。ただこの学年の子は小手先の技術では無理な子が多いやろ。本質で迫らなあかん。それを考えたら李先生が適任や」

99％の喜びと1％の不安が頭をよぎる。一礼し校長室を出ると、残り1教科の単位取得に向けて気を引き締め直した。

どうせやるなら本気でやろうと心に決め、レポート作成に入った。

テーマを何にしようか迷う。自分自身が興味のもてるものにしたい。それならばと勤務地である校区について調べることにした。私の母が生まれ育った校区だからだ。

母は1950（昭和25）年に清水《きよみず》で生まれた。地元の小学校・中学校に進み京都府立洛東高校に進学した。三姉妹の真ん中で家計も苦しかったため、公立高校に進学するのは当然という状況だった。高校卒業後、就職し家計を支えた。

父との出会いは母の姉からの紹介だった。「学生の頃から背景にしんどさや厳しさがある人のことを自然に好きになった」とのことで、母は父と付き合うようになる。結婚を心に決めたとき、母の両親は断固反対した。理由は「相手が朝鮮人だから」、その一点だった。姉が両親を何度も説得したようだが、それも虚しく結婚反対の意思は固かった。

私の父と母は東京へ駆け落ちする。駆け落ち後は母の両親と音信不通、断絶状態だったようだが翌年、私の兄が生まれ、祖母が東京まで訪れて母とは和解する。姉のはからいだったようだ。そのタイミングで父の生家がある京都市伏見区に帰ってくると、2年後には私が生まれた。

私の幼少期、母方の祖父母の家はまだ清水にあり、毎週のように訪れた。私たち孫には優しく温かい、ごくごく平凡な祖父母だった。

いつも昼過ぎに清水に着く。「八坂の塔」を正面に坂を上がり、豆腐屋の角を曲がったところに家はあった。小さな古い町家で、玄関の戸を開けると奥行きのある土間がある。右手に小部屋があり、奥に6畳ほどの居間があった。

その居間には上がらずに、兄と私と妹は祖母に50円ずつもらい表に出て、八坂の塔を背中に駄菓子屋へ向かう。紐を引いた先にある飴やボンタンアメが毎度の収穫だ。居間で少し休憩すると近所で日が暮れるまで遊ぶ。

清水寺や三年坂、高台寺が主戦場で、今思えば贅沢すぎるほど贅沢な遊び場だ。30年近く経っても、清水を歩けば当時の思い出や祖父母の顔が浮かんでくる。温かく柔らかい手触りがこの手に蘇るようだ。

私が青藍小中学校に勤務することになったことを母は喜んでいる様子だった。清水の話をすると懐かしがる素振りを見せた。自分を育ててくれた町や町並みはどれくらい様変わりしているのか。自分自身が変わったように町も変わったのか。近所にあった金魚店やたばこ屋の様子を聞きながら、当時の風景を思い返しているようだった。

レポート作成にあたりテーマについてあれこれ悩んだ末、「清水寺門前町の歴史」を調べまとめることにした。清水寺門前会の会長にインタビューをお願いすると快諾してくれた。何時間にもわたり門前町の歴史や門前会の成り立ちを熱っぽく語ってくれた。

どこにも出ていないような内容の話ばかりで、おかげで世界に一つしかないレポートを作成することができた。不合格になる理由が見つからなかったので、合格後に行われる単位認定試験に向けて早めに試験勉強ができた。会長のおかげもあり、残る1教科の単位がもらえた。

苦節10年、ついに中学校社会科の免許を取ることができた。

山形先生との出会いやもらったアドバイス、小学校で担任をしながら毎朝のようにレポート作成や試験勉強に追われたことを思うと感慨深かった。

3月、正式に単位認定されたことを初田校長に伝えると喜んでくれた。春休み期間のある日、22時前に留守番電話にメッセージが残っていた。初田校長からだった。

「来年度から中学校教員として働いてもらえることが正式に決まったので報告します。李先生、喜んでもらえるかなと思って連絡をしました」

初田校長もこういった気配りをされる方だった。

うれしくてうれしくて、留守電を永久保存したかったけれど方法がわからなかった。いつか字面で（本にして）保存しようとそのとき心に決めた。

夢見た中学校教師になれることを伝えると、誰よりも父と母が喜んでくれた。最後のレポートのテーマを母が生まれ育った清水にしたこともうれしがっていた。

何か運命的なものを感じたことも相まって、私の喜びもひとしおだった。


6年生担任として臨んだクラス最後の学級活動。それまでなら卒業式があり式後に一人一人に卒業証書を手渡していく。青藍は小中一貫校だからそんなことはせず、あくまで一つの通過点だ。ここでは小学校課程修了は決して大きなターニングポイントとはならない。

しかし、小学校教師としての変なプライドみたいなものがあったのだろう。私学で学ぶため転校する子が数名いたこともあり、一つの区切りとして涙ながらに一人一人に向けてメッセージを贈った。もしかしたら小学校教師として最後の担任となるかもしれない、自分自身のための区切りだったのかもしれないとも思う。

清水を舞台にして摑んだ夢の舞台。ずっと追いかけてきた夢の舞台に立てる、その感動に全身を包まれながら、長い時間教室で一人、感慨にひたっていた。

教育の結晶

これは京都市の教員、先人たちの実践という視点で読んでもらえればと思う。

在日コリアン2世である私の父は戦後間もない1948年に生まれた。父には兄が3人いる。9歳、7歳、3歳上の兄である。父の兄はそれぞれ戦後すぐや10年も経たない間に小学生となった。

当時は、小学3年生にもなれば労働力として扱われた。伯父たちは小学校で学習するどころではなく、その頃ハイベが営んでいた豚小屋の切り盛りに駆り出されていた。毎晩2時間ほどかけて祇園の方まで三輪の荷車にドラム缶を乗せ押していき、飲食店が捨てる残飯をもらって回っていた。次の日学校に普通に登校なんてできるわけがない。それでも遅刻して一応登校はしていたそうである。特に三男の頃には学校給食も始まっていた。

そんな境遇で育った私の父は、低学年の頃から給食もあり真面目に登校していた。私も通った京都市立伏見住吉小学校である。

3年生の春、なかじま先生という方が父の担任となった。3年生と言えば当時の李家では労働力としてみなされる年頃である。父は、なかじま学級で学級委員に任命された。「自分のかしこさをみとめてくれた」と感じた。

それだけではない。なかじま先生は自宅へ父を呼び、お菓子なんて高級だったあの時代にお菓子を食べさせてくれたそうだ。父はそのとき思ったという、「学校で、勉強をがんばりたい」と。その思いを家族に伝えて、何とか自分は残飯集めを免れることができた。4年生もなかじま先生が担任となり、またも学級委員に任命された。そのことが、父はよりうれしかったと回想する。

5年生では、ゆり先生という男性が担任となった。ここでも父は学級委員に任命された。ゆり先生も自宅に父を呼び、ごはんをごちそうしてくれた。父の思いはその時に確信に変わった。「ぼくは勉強が好きや。ぼくは学校で勉強をがんばる」。6年生でもゆり先生が担任をしてくれ学級委員に任命された。

この頃には、兄弟の中で自分だけは労働力としてみなされなくなったと父は言う。

父が伏見中学校に入学すると、数学科のなかの先生が顔を合わせれば褒めてくれた。美術科のすわ先生はいじめられている父をよく助けてくれた。中学3年時、東京に修学旅行に行った際、なかの先生は父にはっきりと「祖国と日本の間を良くする人になってほしい」と伝えてくれた。当時、父は通名で通っていたため誰にも在日コリアンであることをカミングアウトしていなかった。

そんな中、父は李家では異例の高校進学まで果たすことになる。もうこの頃には父に対して誰も「働け」と一言も言わなくなった。

京都府立桃山高校に進学し、2年生になると父は一人の先生に在日コリアンであることをカミングアウトするまでになる。その先生は週に何度も夜遅くまで話に付き合ってくれた。とにかくこの先生も「本気で話を聞いてくれた。その一点」だったそうだ。

自宅に招くとかお菓子やごはんをごちそうするとか、それは教育の二文字に内包されているものではないのかもしれない。しかし、その他はどうだろう。もしも今、外国籍の生徒で労働力として扱われそうな生徒がいたら、父の先生たちと同じようなアプローチをするのではないだろうか。それが必要ではないだろうか。

「何とか目の前にいる少数者のこの児童を3年生からも登校させたい」「この子の家は3年生になったら労働力として扱う」「3年生の春が勝負や。どうしたらええんやろ」「学級委員に任命しよう。学級での居場所づくりや」というようなことを、当時の先生たちは学年会で話されていたのではないだろうか。5年生になり身体が大きくなる私の父を学校に引き留めるには学級委員という称号が必要だ、自宅に招いてまず自らをさらけ出すことで共感的人間関係を育もうと考えたのではないだろうか。

中学校の二人の先生も、兄のようにぐれないよう父の支えになってくれている。父に社会的立場やその立場性を考える言葉を贈ってくれている。

京都市の先人たちがいなければ、父も確実に戦後の混乱に巻き込まれ兄と同じ道を歩んだと言えるのではないだろうか。三人の兄にとって学校には自己実現につながる舞台装置はなかった。その代わりに、社会でその場をしのぐための腕力や体力を得たと言えるだろう。

父にとっては学校こそが自己実現を叶える舞台となった。そうなったのも担任や学年の先生方あってのことである。これこそが京都市がずっと大切にしてきた教育、人権教育の実践例だと私は思う。

父はその後、京都大学への受験で失敗することになる。「京都大学なら学費を払ってやる」と兄たちが言った言葉を鵜呑みにし、必死に受験勉強に励んだ父。

失敗して以降の話を息子である私にしてくれることはほとんどない。母から聞いたことだが、父は現在の仕事に就くまでに60回近い転職を重ねてきたという。

父は大人になり高校時代の先生に会う機会に恵まれた。卒業してから30年の月日が流れていた。その先生は開口一番こう言ったそうだ。

「苦労した30年やったやろな」

「つらかったやろな」

「あんなに勉強していた君が職を転々としていると聞いたわしは、何とも言えん気持ちになったんやで……」

私はこの話を思い出すたびに涙がこぼれる。教育者として、一人の生徒を心底想うこの先生の気持ちを想像すると自然に涙がこぼれるのだ。


先人たちがつないでくれた実践はここで終わりにはならない。

私はこれまで、一度たりとも父や母の口から小中高時代の先生の悪口を聞いたことがない。教職に就いたある日、その理由を父に聞いてみると父はこう言った。

「僕の人生の扉の前まで連れていってくれたのは学校の先生たちやった。可能性を見出してくれたのも可能性を拡げてくれたのも先生たち。勉強が好きになり読書が好きになったのも先生たちのおかげ。その恩返しの一つ。子どもの前で先生の悪口を言うなんてできひん。せめてもの恩返しや」

父は、私が京都市の教員として採用された春、高校時代の先生に報告に行った。自分は夢を叶えられなかったけれど息子が叶えたことを。なかじま先生が小学3年生である父を学級委員に任命してから47年がたっていた。

現在、これを読んでいる教員の方々は、もしかしたら悩んでおられるかもしれない。「この子にここまですることに意味はあるのか」「家庭訪問をしなければいけないのだろうか。それが何かにつながるのか」と。

即効性はないかもしれない。でも私の父の例のように、何十年も経って先生方の実践が花開くこともあると思う。絶対に、必ず、あると思う。

もしもあの時、先生方が父に関わってくれなかったら、現在こうして私が本を書くなどといったことはまずなかったと言っていい。父は母とも出会えていないだろうから、私の存在すべてが「京都市の教育の結晶」のようなものだ。

思い浮かべておられるのではないだろうか。この本を読んでいるあなたのクラスの、あなたの目の前にいる、私の父のような生徒のことを。その生徒をどうか私の父のように、そして私のように「教育の結晶」にしてほしい。

そのために私も一役買いたい。私も協力したい。連帯したい。一人でも多くの人と手を取り合い、励まし合いたい。それが私の切なる願いである。

エピローグ

自分自身が中学校の先生に大切にしてもらい卒業してからちょうど20年の節目の年に、中学校教師（小中一貫校・義務教育学校では後期課程と呼ばれる）として夢の舞台に立つことができた。

青藍小中学校での中学校教師として過ごした3年間も、私のプレースタイルが大きく変わることはなかった。むしろ思春期真っただ中の生徒たちとぶつかり合うことが多くなったと思う。毎日の授業や行事でたくさんの感動をもらった。希望や涙に溢れる日々だった。

中学校教師としての3年間、登校しにくい生徒を迎えに行き続けた。何人も何人も迎えに行き続けた。その中の一人のエピソードだ。

その子が高校受験を迎えた朝。土壇場で受験に向き合えない可能性を感じたため、その日も私は迎えに行った。これまで見たこともないような、凛々《りり》しくも少し硬いその子の表情を玄関で見てホッとしたことを覚えている。

この日も朝食をとるために駅近くの喫茶店に立ち寄った。目の前で育ち盛りの生徒が「美味しい」と言いながらサンドイッチやホットドッグをほおばってくれている。私はホットコーヒーを飲みながら感慨深げにその姿を見つめていた。

するとと自分でも驚いたことに身体が震え出した。

「李先生　おいしいです　ありがとうございます」を繰り返す生徒の言葉に、それまで自分に関わり育ててくれた先生たちの顔や声が走馬灯のように駆け巡ったのだ。

最初に浮かび上がったのは私が高校3年生の7月、3歳下の妹が持ち帰ってきた笹の葉の短冊だった。そこにはこう書かれていた。

「教え子のアキレス腱が　早く治りますように」

そのころ妹を担任していた井上敬治先生が書いてくれたものだった。井上先生から始まり、本当にたくさんの先生たちの姿が浮かんでは消え、浮かんでは消えた。

先生たちの次に出てきたのは、目の前を通り過ぎていった過去の教え子や保護者の顔だった。

〈泣いたらあかん。今泣いたら、この子が動揺する〉。自分に言い聞かせたが、頬を伝う涙が止まらない。

生まれて初めて、ゆっくりと穏やかに泣いた経験だった。心の中で目の前の子にこんな風に語りかけている自分がいた。

〈お前も、10日後には目の前からいなくなるんやな。卒業するんやな。寂しい。でも、うれしいわ〉

桃嶺台小学校で一緒にタグラグビー全国大海に出場した女子キャプテンの笑顔が出てくる。

卒業式で、「将来、人の努力を支えられる教師になりたいです」と私に伝えてくれたこの子は、前途多難な社会の荒波にもまれ夢を叶えることはなかった。その寂しさと、それでも懸命に生きていると聞いた彼女の姿に誇りを感じている自分がいた。

中学校教師という職業の最大の魅力は卒業式の日に凝縮されている。あんなに大変だった子が、あんなにがんばった子が、あんなに涙を流した子が、教室で別れを告げ、自分の選んだ道へと巣立っていく。その背中には希望や夢が膨らんでいる。あの背中を一度でも見たら、虜になる。取りつかれる。どんなに苦しい毎日でも、心を奮い立たせて子どもたちの背中を押し続け、支え続けられるのだ。

その私の背中を押し支えてくれているものは何か。仲間、教え子、同僚、そして恩師たちだ。私はこれからの人生で一人でも多くの生徒、地域社会に生きる人々の支えとなりたい。そして何よりも誰よりも共に歩む、後に続く先生たちの支えとなりたい、励ましたい。

私のこの人生を見よ。こんなにも弱い私がこんなにも挑戦し続け笑顔でいられるのは、私を温かくまなざしてくれた社会があってこそではないか。

私はこれから恩返しの旅に出る。私が挫折するたびに支え、温かさをくれた人々への恩返しの旅に――。

あとがき

その夢の舞台での3年間にもドラマに次ぐドラマがあり、ここには書ききれない。いつかまとめたいと思う。ここで一つだけ伝えたいことがある。それは、やはり「教師は尊い職業、存在である」ということだ。

昨今、学校現場における労働環境の劣悪さが問題となっている。時間外労働や学校教育の範囲を超えた問題への応対、苦慮などその問題は多岐にわたる。確かに苦しさや過酷さを感じる場面が時にあることも事実だ。そのような問題への解決策として、教職員の心がけや心構えといった個々人の内的な側面のみを強調することには無理があるだろう。それらの問題を生む社会構造や制度に目を向け、その構造をつくり支えるものにメスを入れることが大切だろう。

そんな社会への異議申し立ては、個々人が連帯し支え合い、励まし合うことでしか達成できない。その連帯や互助の具体を綴ってきたつもりだ。

私は現在、月曜日の朝が待ち遠しい。喜びと元気に満ち溢れて校門をくぐる私がいる。教師として様々な経験をさせてくれた生徒や保護者、同僚との出会いがそうさせるのであろう。こんなに大変な職業もないのではないかと思うときもあるが、やはりこんなにやりがいのある職業はない。

これを読んでいる、教職に就かれている以外の世間の皆様。どうか中学校教員を含むすべての教職員に温かいまなざしを向けていただきたい。

そして、いつか教育現場で働く夢を膨らませている皆さん。どうかその夢や希望をもって現場の扉を開いてほしい、校門をくぐってほしい。

こんなに夢や希望や愛に満ち溢れている職はないと言い切っていいほど素晴らしい職、仕事だと自信をもって言える。年間に何度、涙腺が崩壊する場面に出くわすことか。何度、生徒や同僚、時には保護者と握手をしたり感動のあまり抱き締め合ったりする場面があることか。

校区、地域、時には社会といった大きな視点そして存在と、心がつながれているような、そんな尊い経験に溢れている、それが学校であり教育現場であり教育職だ。

この日本列島、日本社会で教職を志すすべての人とともに、夢と希望を語り続けたい。自分勝手にそれが私の使命だと強く感じている。

最後に、この場を借りて感謝の気持ちを伝えたい。

教職の素晴らしさや喜びをその在りようすべてで伝えてくれた、これまで出会ってきた先生方へ。先生方の存在があったからこそ私の人生があり、そこに豊かさがあったのだと確信しています。

ラグビーを通して出会った仲間やその他の多くの方々へ。楕円球が私の人生に与えてくれた情熱や活力は計り知れませんが、それ以上に様々なことを与えてくれたのは「楕縁」とも言える皆さんとのつながりです。自らの痛みを介して他者の痛みに思いを馳せる、そんなラグビーの魅力を分かち合えたことに感謝と喜びでいっぱいです。

これまで出会った上司や同僚、職員の皆様へ。私が今日この日まで学校現場で働くことができているのも、皆様の理解や励ましがあったからこそです。どれだけ多くの支えをいただいたことでしょう。そのすべてではないものの、言葉やメッセージをできる限り手元に残し、つらいときや苦しいときにはそれらを読んで活力としています。

タグラグビーを通して出会った先生やその他の多くの方々へ。皆様との出会いは私を鍛え育んでくれました。これまで同志として歩んでこられたことに大きな誇りを感じています。

これまで出会った子どもたちや保護者の皆様へ。未熟な私は、多くの場面で反面教師であったと思います。そのことへの反省と悔しさがこの胸の奥底にいつでもあります。そんな私だからこそ、自らの弱さや儚さから目を背けることなく闘い続けようと思っています。こんな私でも「先生」と呼んでくれた皆様を、これからも忘れることはありません。本当に感謝の気持ちでいっぱいです。

中島智子先生。もしも中島先生との出会いがなければ、この書籍が生まれることはなかったと言えます。私の拙い原稿を読んで、先生は「おもしろい　これは世に出す価値がある」と言ってくれました。その言葉によって拓かれた、無限とも言える私の将来展望は言葉に言い表せないほどです。
吉澤あきさん。拙い私の文章をできる限り誰にでも読みやすく、かつ私にしか書けない文章として読んでもらえるよう編集していただけたことに感謝の気持ちでいっぱいです。
最後に、家族へ。毎日支えてもらい、愛や優しさ、そして温かさの意味を、その存在すべてで体現してくれていることへの感謝をここに綴りたいと思います。本当にありがとう。

私が少しずつ書きためた原稿が、こうして本になるまでに、15年近くの歳月が流れました。こうして出版できたのは、42年の長きにわたり出会ってきた皆様からいただいた温かさあってのことです。すべての皆様に感謝申し上げます。

皆様からいただいた励ましの言葉に囲まれ、包まれながら

２０２３年3月

李大佑

［解説］公立学校の外国籍教員

中島智子
（元プール学院大学教授）

本書を読んだ方の中には、公立の小中高校に外国籍の先生がいるということになじみがなく、もしかしたら本書で初めて知った人もいるかもしれない。ここでいう外国籍の教員とは正規教員のことで、英語教育を補助する英語ネイティブの先生（外国語指導助手）などは入らない。

公立学校の外国籍教員は現在、全国に数百人いる。その国籍は韓国・朝鮮、中国・台湾、アメリカ、オーストラリア、バングラデシュ、ブラジル、ペルー、ベトナム、フィリピンなど多岐にわたる。本書の著者の李さんもその中のひとりだ。

筆者は、２０１２年から公立学校の外国籍教員に関する共同研究を行う中で、全国の外国籍教員にインタビューをしていた。そんな時、知人を通して李大佑さんのことを知り、さっそくお会いした。２０１４年８月のことである。その時の強烈な印象を今も鮮明に覚えている。

というのは、たいていのインタビューではこちらの質問に答える形で粛々と進行するのだが、李さんの場合は話す内容も話術も熱量に溢れ、その面白さに圧倒されてしまった。途中で私は、

「これは1回や2回のインタビューでは済まない。こちらの準備した構成で話を聞く意味がない」と判断してメモを取ることもやめ、李さんの話に聞き入った。つまり、一発で私は李さんのファンになったのだ。

その後何度かお会いするうち、李さんが10年以上も前から早朝の時間を使って書きためた文章があることを知った。送ってこられた原稿は、なんと29万字。しかし、面白すぎてどんどん読める。これはぜひ本にすべき！　と思ったが、そもそもこういうものをどこから出版してもらえるのか？　まず出版社を決めて、編集者の専門的な目で見てもらおうと考えた。そこで、ちょうど私がそれまでの共同研究の成果を出版する準備を進めていた明石書店にお願いして実現することになった。専門書である私たちの本と李さんの本が並ぶことにとても意味があると思った。というわけで、この本の編集過程に筆者も併走させていただいた。

さて、本題である。

日本では公立学校の教員を任用する権限は、都道府県・指定都市教育委員会にある。地方公務員法や教育公務員特例法、教育職員免許法には国籍による制限は一切ない。憲法やその他の教育関連法規にも、教員の国籍に関する条項はない。にもかかわらず、日本政府は、公務員に関する「当然の法理」によって日本国籍を有しない者の教諭任用は認められないとしている。

この「当然の法理」とされるものの原型は、１９５３年に出された内閣法制局による見解で国家公務員に関するものであったが、その後、地方公務員にまで拡張され、「公権力の行使または公の意思形成への参画」に携わる公務員となるためには日本国籍が必要とされた。したがって、職によって国籍制限を設けるかどうかは自治体に任されている。しかし、公立学校の教諭については、公の意思形成への参画に携わるというのが政府の見解である。すなわち、法に明文の規定がないにもかかわらず、行政府の見解のみを根拠に教諭への任用が制限されているのである。

かつては外国籍者であっても教諭として任用していた自治体があった。しかし、1991年3月に当時の文部省が全国の都道府県・指定都市教育委員会に対して、日本国籍を有しない者の教員採用選考の門戸を開放する一方で、採用する場合の職を「任用の期限を附さない常勤講師」（〈常勤講師〉）とするよう求めた。

一般に知られている「常勤講師」とは、臨時的任用とも言われるように任用に期限があり、教員免許状は有するが採用選考を通っていない者が就く場合が多い。それに対してこの〈常勤講師〉は、定年まで勤務でき、給与やその他の待遇は教諭と同等とされる。ただし、その職務は教諭に準ずるものの、児童生徒の教育指導面においては教諭と同等の役割を担うが、校長の行う校務の運営に関しては補助的な関与にとどまるものとされる。公立学校において校務の運営への参画は、公の意思形成への参画であるというのが政府の見解だからだ。

しかしながら、学校教育の根幹を定めた学校教育法では、教諭の職務は児童（生徒）の教育をつかさどると規定されているだけである。その職務の遂行を通して教員は日常的に校務の運営にも携わっているのであって、その職務を二つに分け、教諭と同等の教育指導を担う者を片方から排除するのは、現場から遊離した形式論理に過ぎないとの批判がある。

そもそも校務をつかさどるのは校長であり、校長がその権限と責任を有しているのであるから、そのもとでさらに制限を課す必要があるだろうか。

日本の教員免許状を有し、教員採用選考に合格して、教員としての能力・資質が認められたのに、ただ国籍の違いだけで教諭になれない。何十年勤めようと主任にもなれず、長年の経験を職場に生かす機会を奪われているのは、学校にとっても大きな損失である。

先述したように、教員の任用権限は自治体にあるので、現在も外国籍者を教諭として任用しているところもある。近年は、学校教育のグローバル化に対応してグローバルな資質や背景を持つ教員が求められていることから、外国籍者の任用を〈常勤講師〉としていたのを教諭へと変更したところもある。ただし、教諭として任用している自治体でも管理職への登用は制限されている。この制限の是非についても議論されねばならない。

以上に記した現状や課題についてさらにお知りになりたい場合は、中島智子・権瞳・呉永鎬・榎井縁『公立学校の外国籍教員――教員の生（ライヴズ）、「法理」という壁』（明石書店、2021年）をお読みいただければ幸いである。

《著者紹介》

李大佑（り・てう）

1980年、京都市伏見区生まれ。京都市立伏見工業高校、花園大学社会福祉学部卒業。現在、京都市立向島秀蓮小中学校教員。

ライフワークは講演活動、趣味はJ-POP名曲採集。

好きな言葉は、「常に風を背に受け　顔には太陽の光を　運命の風に乗って星と踊れるように」。

E-mail: maihoshinaritai@gmail.com

[解説／編集協力]

中島智子（なかじま・ともこ）

元プール学院大学教授。主な著書に、『公立学校の外国籍教員 —— 教員の生（ライヴズ）、「法理」という壁』（権瞳・呉永鎬・榎井縁との共著、2021年）、『小さな地域と小さな学校 —— 離島、廃校、移住者受け入れから考える』（中島勝住との共編著、2020年）、『日本の外国人学校 —— トランスナショナリティをめぐる教育政策の課題』（志水宏吉・鍛治致との共編著、2014年／いずれも明石書店刊）

カバー写真／鈴木健太（PACE&SPACE）

マイノリティの星になりたい
――在日コリアン教師〈本音と本気〉の奮闘記

二〇二三年四月二五日　初版第一刷発行

著　者――――李　大佑
発行者――――大江道雅
発行所――――株式会社　明石書店
一〇一-〇〇二一　東京都千代田区外神田六-九-五
電　話　〇三-五八一八-一一七一
FAX　〇三-五八一八-一一七四
振　替　〇〇一〇〇-七-二四五〇五
http://www.akashi.co.jp
装　丁――――清水肇（prigraphics）
印刷／製本――モリモト印刷株式会社
ISBN 978-4-7503-5586-3
（定価はカバーに表示してあります）